PRIÈRE D'INSÉRER

Noëlle Loriot

Prière d'insérer

ROMAN

Albin Michel

COLLECTION « SPÉCIAL SUSPENSE »

22, rue Huyghens, 75014 Paris

ISBN 2-226-06543-1
ISSN 0290-3326

À Marie-Laure et Jean-Roger Cadet

« Une chose n'est pas nécessairement vraie parce qu'un homme meurt pour elle. »

Oscar WILDE

1

Il était vivant, et pendant quelques instants il prit la peine de s'en réjouir, oubliant le cauchemar qui pendant plusieurs nuits lui avait donné des sueurs froides. Il s'éveillait dans un appartement familier où l'odeur de café et de pain grillé annonçait le repas bref mais essentiel qu'il préférait à tout autre ; où les cris des garçons dans la salle de bains l'arrachaient à son lit. La routine, le petit bonheur au quotidien. Il était Simon Liénard, directeur littéraire des Editions Raymond Houdert, il avait aujourd'hui deux mois et trois jours de plus que ses quarante ans fêtés en famille dans sa résidence secondaire de Dourdan. Il s'étonnait soudain de la taille de son fils aîné, Sébastien, qui, à quatorze ans, était aussi fort et presque aussi grand que lui. Il n'osait plus regarder sa femme qui, le matin, sans maquillage, le cheveu triste et le corps informe dans un vieux peignoir, lui rappelait que le temps était loin où il la désirait à toute heure de la journée ou de la nuit. Il était un époux las, un père distrait et impatient, mais il se sentait incapable de ne l'être plus. Ce qui complique la vie d'un homme infidèle et exigeant.

Tandis qu'il buvait son café et grignotait un toast, il refusa de penser à ses conflits passionnels et y parvint. Son fils cadet l'y aida. C'était son préféré, Benoît, Ben pour les intimes. Douze ans, un visage de petite frappe que démentaient une timidité angélique et une intelligence aiguë. Benoît faisait ses humanités complètes sans le moindre effort, et son père l'avait déjà inscrit à Louis-le-Grand, le lycée des « grosses têtes ». Ben venait de rejoindre, en quatrième, son frère aîné qui n'en était pas pour autant humilié. Sébastien ressemblait à son grand-père maternel dont il avait l'arrogance et la prestance. Son café au lait expédié, un toast à la main, une tranche de cake dans l'autre, il se leva pour prendre congé. Sa mère voulut l'embrasser, mais il la repoussa :

— Au secours ! Je suis un homme.

Ce qui troubla Simon Liénard. Puisque ses fils devenaient des hommes, il glissait, lui, vers une maturité qui limiterait considérablement sa séduction. Son début de calvitie, quelques bridges trop visibles dans sa denture, son estomac proéminent (les déjeuners professionnels n'étaient pas anodins) avaient été des signaux d'alarme trop longtemps négligés. Il allait devenir un barbon qui ne séduirait que des filles moches ou intéressées par sa situation de directeur littéraire.

— Ouf, je respire, dit Nicole quand les garçons furent partis. Sébastien devient insupportable, il a une petite amie. Je ne sais pas ce qu'ils font ensemble et je ne veux pas le savoir.

C'était le seul moment de la journée où ils restaient seuls en tête à tête pendant vingt minutes. Simon accordait à sa femme ces vingt minutes avec de plus en plus de réticence, mais sa lâcheté l'emportait toujours sur sa volonté de briser cette habitude qu'il trouvait absurde.

— Ils baisent, dit-il. Que veux-tu qu'ils fassent ?

— Eh bien, il me semble qu'à son âge, nous flirtions, nous refaisions le monde...

— Mais aujourd'hui c'est le monde qui nous a refaits, et Sébastien est le prototype parfait de ce monde-là. Il est à des milliers d'années de notre propre adolescence, il fonce, il court au plus urgent. As-tu jamais vu un roman dans les mains de Sébastien ? As-tu jamais entendu, dans sa chambre, une musique civilisée ? Notre fils aîné est un être venu d'une autre planète.

— C'est tout de même mon bébé, murmura Nicole. C'est tout de même mon tout-petit. Te rappelles-tu comme il était blond, comme ses cheveux étaient fins, doux au toucher...

Simon pensait à Françoise Moret. L'interdit qu'il avait réussi à respecter jusqu'à neuf heures venait d'être piétiné. Il voulut se lever, Nicole le retint par le bras :

— Tu as un rendez-vous urgent ?

Il n'osa pas mentir, dit non, pas de rendez-vous urgent, mais un rapport de lecture et un prière d'insérer à rédiger avant le comité de lecture.

— Vos comités, soupira Nicole. Ça vous pose, hein !, d'avoir des comités de lecture.

— Ça m'assomme, mais comment faire autrement ? Il faut bien prendre des décisions concernant les quelque cinq mille manuscrits que nous recevons par an ; ils deviennent de plus en plus nombreux. La France souffre, et le mal du siècle qui accompagne le sida se traduit par une incontinence d'écriture. Dans toutes les classes de la société on écrit, on veut devenir romancier, biographe, poète...

— Ou cinéaste, dit Nicole. Pendant que tu corrigeais un manuscrit, j'ai vu hier soir, sur Canal Plus, un film intéressant. Mais pourquoi faut-il que ces gens-là, lorsqu'ils nous montrent une intellectuelle ou une femme médecin, l'affublent de grosses lunettes pour l'enlaidir ? C'est stupide. As-tu une explication ?

— Peut-être pensent-ils (car ces cinéastes sont pour la plupart des hommes) qu'une femme intelligente ne peut pas être belle, ce qui est le cliché le plus répandu. Et s'ils sont machos, ce dont je ne doute pas, ils préfèrent qu'elle ne soit pas à la fois belle et intelligente. Cela dit, je ne vois pas en quoi des lunettes peuvent enlaidir, conclut-il en nettoyant les siennes. Une femme, peut-être, mais pas un homme.

— Preuve par neuf que tu leur ressembles.

Il se leva, enfila sa veste, fourra dans sa serviette le manuscrit qu'il avait lu la veille avant de s'endormir, effleura d'un baiser la joue de Nicole, qui l'accompagna jusqu'à la porte palière, regarda les seins affaissés de sa femme, et pensa : quinze ans. Quinze ans de vie commune qu'il avait au départ rêvée. Mais Nicole lui avait bientôt fait reprendre pied dans un réel couleur de grisaille. Aujourd'hui, sa vie, il lui demandait simplement de ne pas la compliquer.

— Ne rentre pas trop tard, dit-elle. Papa vient dîner.

— Je serai là vers sept heures et demie.

Pourquoi cette angoisse soudaine ? Pourquoi se dit-il que ce mardi-là ne ressemblerait pas aux autres, qu'un piège inévitable l'attendait ? Non, il n'allait pas associer ce piège à Françoise, il n'allait pas revenir sur la conduite à adopter. Depuis plusieurs jours il s'était fixé un plan, il n'y reviendrait pas. Scabreux mais efficace. La garce ! Mieux valait penser à Corinne, à la bêtise de Corinne, au charme de ses vingt-quatre ans. Il n'avait jamais beaucoup aimé les jeunes filles, mais celle-là n'en était plus tout à fait une, et quelle fougue. Il ne l'aimait pas. Ironie du destin.

Tandis qu'il roulait dans sa voiture de fonction, il pensa à sa femme qu'il avait failli quitter, à ses fils qu'il ne savait pas guider mais qui restaient pour lui un garde-fou puissant. La famille, le clan. Françoise l'avait traité de petit-bourgeois froussard, de pauvre type, de don Juan au rabais, elle était véhémente et dure, comme toutes les femmes qui n'aiment plus.

Dans le parking où des places étaient réservées aux cadres supérieurs des Editions Houdert, il croisa Pierre Cressonnière, le directeur commercial, qui avait l'air soucieux.

— Les ventes ont baissé depuis trois jours, dit Cressonnière.

— La crise est partout. J'aimerais vous voir cet après-midi pour que nous fassions le point. Disons entre quatre et cinq heures. Que disent les libraires ?

— Ils font la gueule ou lèvent les bras au ciel.

— Des mimes. Il faut leur donner du texte.

Dans son bureau, Simon Liénard vit une nouvelle pile de manuscrits et se retint pour ne pas les balayer d'un geste rageur. Sa secrétaire entra :

— Il y a déjà eu cinq appels pour vous personnellement.

— Urgents ?

— Ils sont tous urgents.

— Donc ils peuvent attendre. Mettez-moi cela quelque part, dit-il en désignant les manuscrits. Que je ne les voie plus avant la fin de la matinée. Ces gens qui écrivent ! Est-ce que j'écris, moi ?

— Vous devriez peut-être, suggéra Micheline.

Elle avait cinquante-neuf ans, des cheveux courts et crépus autour d'un visage rond et blême. Vingt ans de maison, une compétence rare, un franc-parler, une vésicule biliaire en déroute qu'elle soignait en s'empiffrant de chocolats. Un mari comptable et soumis.

— Donnez-moi les fiches des appels, Micheline.

— Elles sont sur votre bureau.

Après les avoir consultées, il sourit à Micheline :

— Pouvez-vous aller me chercher un café ?

Elle soupira avant de s'éclipser.

Parmi les appels, il y avait celui de Françoise Moret. Liénard composa son numéro. Occupé. Le café arriva, qu'il but tiède et trop sucré. Quand il eut enfin Françoise au bout du fil, elle lui dit simplement qu'elle passerait aux Editions Raymond Houdert vers dix-sept heures, et elle raccrocha.

Liénard voulut la rappeler, mais sa secrétaire vint lui

signaler que les « urgences » s'impatientaient. Une grande fatigue tomba sur lui. Il se sentait incapable de faire face aux corvées qui l'attendaient avant le comité de lecture. Quand il se résigna à agir, il était dix heures et quart, et en vingt-cinq minutes il rédigea un rapport de lecture et un prière d'insérer, qu'il déposa sur le bureau de Caroline Houdert avant de descendre au rez-de-chaussée, dans la grande salle où se tenait le comité.

Les douze apôtres et la patronne. Un petit malin avait baptisé ces comités « la cène ». Où était le traître Judas ? D'après Simon Liénard, il changeait d'identité selon les jours. Mais ce qui restait immuable, c'était la flagornerie concernant la patronne, la jeune Caroline Houdert qui depuis peu avait remplacé son père, Raymond Houdert.

Ce matin-là, Liénard se montra on ne peut plus réservé et n'intervint qu'une fois dans le choix d'un manuscrit.

— Qu'en pensez-vous, Simon ? demandait Caroline.

— Je suis pour.

— Deux avis favorables et un contre. Si on le prend, le soutiendrez-vous jusqu'au bout, Simon ?

Il ne put qu'acquiescer. C'était le genre de piège qu'adorait Caroline.

— Alors je compte sur vous. On le prend.

Elle abrégea le comité parce qu'elle avait, disait-elle, un rendez-vous avec son médecin. Tout le monde savait que c'était avec son coiffeur, mais qui aurait osé lui demander de quoi elle souffrait ?

Simon Liénard décommanda son rendez-vous pour déjeuner avec un journaliste, fit monter un sandwich, une bière et un café, et s'enferma dans son bureau pour lire le nouveau manuscrit de Françoise Moret, qu'il avait reçu la veille et qu'il n'avait pas eu le temps de terminer. Il lisait lentement, prenant des notes et griffonnant au crayon des observations dans la marge. Les manuscrits de Françoise Moret sortaient rarement de son bureau. Quand il les emmenait chez lui, il les enfermait dans son coffre-fort.

A trois heures et demie, Liénard fit monter un autre café, et quand Pierre Cressonnière pénétra dans son bureau, Simon repoussa le manuscrit mais le laissa sur sa table. C'était la première fois depuis le début de la matinée qu'il éprouvait une légère satisfaction. Il sourit à Pierre Cressonnière :

— Asseyez-vous, mon vieux. Ces ventes qui dégringolent, ce n'est tout de même pas une catastrophe nationale. On peut y remédier.

— J'ai beau chercher, je ne vois pas comment. Vous avez une idée, vous ?

— Peut-être. Passez-moi les chiffres.

Le directeur commercial lui tendit plusieurs feuillets où étaient inscrits les titres de livres, les noms des auteurs et les chiffres de ventes.

— Nous avons trop de retours, se plaignit Cressonnière. Certains libraires n'ouvrent même plus les paquets de livres que nous leur envoyons ; ils les retournent aussitôt. Si vous voyez une solution, ce ne peut être qu'une solution miracle.

Tandis que Liénard examinait le cahier des ventes et le commentait, Pierre Cressonnière l'observait en se disant qu'il y avait quelque chose d'étrange chez le directeur littéraire. Il s'était déjà fait cette réflexion pendant le comité de lecture. Simon avait des problèmes professionnels, cela tout le monde le savait chez Houdert. Il n'était plus aussi performant qu'au début de sa carrière, il n'amenait plus d'auteurs nouveaux intéressants et laissait partir quelques anciens qui auraient mérité d'être retenus. Mais au-delà du domaine professionnel, Simon Liénard devait avoir de graves problèmes d'ordre privé. Françoise Moret ? Simon prétendait qu'il était las de la belle romancière. Mais était-ce vrai ? Corinne Auberton ? Cette petite attachée de presse méritait-elle qu'on s'intéresse à autre chose qu'à son corps ? Machinalement, Cressonnière jeta un regard sur le manuscrit que Liénard avait laissé sur la table, mais il ne vit pas le nom de l'auteur. Puis Simon lui rendit le cahier des ventes.

— Je m'attendais à pis, dit-il.

La porte du bureau s'ouvrit. Françoise Moret entra. Pierre Cressonnière se leva.

— Laissez-nous seuls, je vous prie, dit Simon Liénard.

2

FLORENCE LARRIEU

Je suis juge d'instruction à Paris. J'aurai bientôt vingt-neuf ans et une expérience modeste. Ce qui m'effraie le plus dans cette profession n'est pas d'être confrontée aux truands classiques mais aux criminels en col blanc.

Si vous les croisiez dans la rue, comment les reconnaîtriez-vous ? Si vous étiez assis en face d'eux dans un train, debout derrière eux dans une file d'attente, invité avec eux à une soirée de gala, comment les reconnaîtriez-vous ? Ils font les mêmes choses que vous : ils vont dans les magasins, conduisent leur voiture, choisissent un cadeau de Noël avec soin, font l'amour avec plaisir et même avec bonheur ; vont promener leurs enfants au bois, les bordent dans leur lit, et sont généreux pour leurs amis. Des monstres aux belles manières, au regard séducteur.

Je suis célibataire et divorcée. Je pourrais presque dire que je suis veuve car mon ex-mari est mort du sida. J'ai peur des hommes et cet aveu m'est pénible car il me jette injustement dans le clan des vieilles filles névropathes. Ce qui m'agace.

Mais comprenez-moi : je suis attirée par ces jeunes gens beaux et insolents qui sont éternellement étudiants en je ne sais quoi, informatique ou chinois ; qui entrent chez vous comme chez eux, vous disent un mot gentil comme s'ils vous faisaient l'aumône, jettent une caresse sur vos cheveux sans vous regarder, et vous rendent folle. Jamais plus. Ils sont taciturnes et calmes, acceptent vos cadeaux sans dire merci et vous embrassent très vite avec des lèvres indifférentes et mouillées, comme les enfants. Jamais plus. Ils vous demandent en pensant à autre chose comment s'est passée votre journée et vous font l'amour avec la même désinvolture.

J'ai aimé jadis un de ces énergumènes. Plus jamais.

J'ai rêvé la nuit dernière que je partais pour la Grèce. Deux semaines. Je confiais ma chienne à mon ami Stéphane et je pleurais. Mon père me disait : « Je suis sûr que là-bas tu vas trouver un mari, et tant pis si ce n'est qu'un amant. » Ma mère préparait pour moi une liste de médicaments et de recommandations pour éviter coups de soleil et maladies gastro-intestinales.

En m'éveillant j'ai reçu comme un coup de poing le regard de ma chienne, sombre et pathétique, et ma main a hésité avant de décrocher l'appareil téléphonique. Pourquoi pas ? me soufflait une petite voix intérieure, celle qui n'a jamais le dessus mais qui persiste néanmoins à se faire entendre. Pourquoi pas ? répétait-elle en me rappelant que j'avais reçu, la veille, des dépliants publicitaires pour un circuit touristique en Grèce.

J'ai appelé l'agence. Une agréable voix de femme m'a fourni tous les renseignements désirés. Le prochain départ pour cette croisière aurait lieu dans cinq jours. Il restait quelques places... J'ai donné mon nom, mon adresse, mon numéro de téléphone. On me délivrerait un billet dès que je me présenterais...

Vacances ? Oui. Au Palais, tout est calme depuis l'affaire Parent. La routine. D'où mon désir d'évasion. La Grèce en mars, disent les dépliants publicitaires, c'est le paradis. Je me prépare à y entrer avec un bonheur dont je ne me croyais plus capable.

J'ai la main posée sur le téléphone pour le mettre sur répondeur quand la sonnerie retentit. C'est le substitut, celui qui a remplacé avantageusement l'odieux Regnard : le jeune Philippe Goumet. Il a une voix grave et chaleureuse, à laquelle je ne suis pas insensible. Il me dit que je viens d'être requise pour instruire un nouveau dossier. Adieu voyage en Grèce.

Comme si elle l'avait deviné, Caresse vient se coller contre mes jambes tandis que j'écoute Philippe Goumet me parler de l'affaire Liénard. Puis il me demande si je veux bien faire l'effort de venir jusqu'à son bureau. Il est dix-neuf heures, j'ai faim, Caresse aussi qui me le fait comprendre en promenant son plat dans l'appartement. Je la nourris et je croque deux gâteaux secs avant d'aller reprendre ma voiture que j'avais confiée au garagiste le plus proche.

Je dois m'avouer (et j'en ai presque honte) que j'éprouve une petite satisfaction à renoncer à mon voyage en Grèce : je ne serai pas séparée de ma chienne.

Philippe Goumet est grand et presque roux. Son visage rose a toujours l'air de sourire car tout bouge : le nez gracile, les yeux bridés, la bouche très rouge où s'accroche un reste d'enfance. Depuis peu il porte des lunettes, les verres de contact ayant irrité ses yeux fragiles, d'un bleu pâle.

— Ne vous inquiétez pas, Florence, vous pourrez partir pour la Grèce en mai. Mai est le mois idéal...

— Je croyais, dis-je avec ironie, que c'était mars. Les dépliants publicitaires l'affirment.

— Ne vous y fiez pas.

Il sourit, découvrant des dents petites et très blanches. Il ne fume pas.

— Puis-je allumer une cigarette ?

— Mon Dieu, oui ! soupire-t-il, si vous voulez continuer à prendre des risques.

Il va chercher un cendrier (plein) dans le bureau voisin. Le sien est fonctionnel, très strict avec ses murs gris clair et ses casiers noirs où s'entassent les dossiers. Celui de l'affaire Liénard est sur sa table de travail ; il le pousse vers moi :

— Rapports de police, du labo, des services techniques, du médecin légiste. Vous le consulterez à tête reposée. Voici, en bref, ce que nous savons :

Simon Liénard, quarante ans, directeur littéraire de la maison d'édition Raymond Houdert, a été retrouvé mort dans son bureau par une femme de ménage, vers dix-neuf heures. Poignardé vraisemblablement, l'arme du crime n'ayant pas été retrouvée. Une blessure fatale. Le crime est situé aux alentours de dix-huit heures trente, une demi-heure après le départ du petit personnel. N'étaient présents à cette heure-là que les cadres supérieurs et leurs assistants, deux des trois attachées de presse, trois auteurs, et la standardiste. L'enquête de la Police judiciaire a été rapide, peut-être trop, mais comment ne pas tenir compte de témoignages concordants ? Depuis plusieurs jours Simon Liénard, le directeur littéraire, qui était l'amant de la romancière Françoise Moret, se sentait menacé par sa maîtresse, qu'il souhaitait quitter ; il s'en était ouvert au directeur commercial et à la directrice du département étranger ; il en avait même parlé au directeur financier et à l'une des attachées de presse.

Entre dix-huit heures trente et dix-neuf heures, Françoise Moret a quitté le bureau du directeur littéraire, a descendu hâtivement l'escalier et traversé le hall avant de sortir. Une personne l'a vue partir : la standardiste, Myriam Vitran. Interrogée aussitôt par l'inspecteur principal Didier Cormin, Françoise Moret s'est plusieurs fois contredite et nie avoir eu des relations intimes avec la victime, mensonge flagrant qui jette la suspicion sur toutes ses déclarations, y compris son innocence dans le meurtre de Simon Liénard.

— Est-elle en garde à vue ?

— Oui. Son avocat a été prévenu. C'est une femme, maître Désaleux. Vous les verrez toutes les deux demain.

— Ce qui ne me laisse guère de temps pour étudier le dossier.

— Il est encore très mince, mais je suis sûr que vous en tirerez des conclusions intéressantes.

— Mais pourquoi moi et si tard ?

— Je vais être franc : le juge Jean-Baptiste Couderc avait été requis mais il est à quelques mois de la retraite et il se sent trop fragile pour assumer ce dossier-là. Il vient d'être victime d'un infarctus, et l'on comprend qu'il veuille se protéger.

Tandis qu'il me raccompagne jusqu'à la porte, il ajoute :

— Je ne sais pas si vous êtes sensible à la beauté féminine car Françoise Moret est très belle, on ne peut pas ne pas le constater.

— C'est une romancière à succès, elle est belle, jeune encore et sans doute riche. Etrange bagage pour une meurtrière.

— Oh, la passion, vous savez...

— Je sais.

Sa poignée de main est douce, presque molle, son regard bienveillant.

— Je compte sur vous, Florence.

A peine rentrée, je prépare un plateau-repas composé de crudités, de viande froide et de fromage, que je mange dans mon lit, Caresse à ma gauche, le dossier ouvert à ma droite.

A travers l'interrogatoire de Françoise Moret, et ses réponses, je cherche à l'imaginer physiquement. Très belle pour un homme comme Philippe Goumet, c'est peut-être de l'allure, de la classe, un corps svelte, une longue chevelure brune, un visage étroit et pâle... Je la vois plutôt blonde, sportive, l'œil clair, le cheveu court et bouclé...

Assez rêvé. Françoise Moret a trente-six ans, elle vit

dans le VIIe arrondissement. Seule. Divorcée deux fois. Elle a été successivement étudiante en droit (pendant moins d'une année), secrétaire d'un avocat, épouse du même avocat dont elle a divorcé après dix-sept mois de vie commune ; script-girl pour un metteur en scène de cinéma et scénariste ; épouse d'un réalisateur télé dont elle a divorcé au bout de six mois. Quelques aventures amoureuses sans intérêt avant sa rencontre avec Simon Liénard, le directeur littéraire des Editions Raymond Houdert. Elle lui confie le manuscrit de son premier roman, qu'il publie trois mois plus tard. Mais il n'attendra pas huit jours pour devenir son amant.

Simon Liénard était marié depuis quinze ans. Sa femme, Nicole, a renoncé à son emploi de secrétaire de direction pour s'occuper de leurs deux enfants, deux garçons. A l'époque où il rencontre Françoise Moret, Simon Liénard est un jeune homme plutôt séduisant. Les photographies du dossier révèlent un homme brun, légèrement chauve, une sorte de Michel Piccoli des années 70. Coup de foudre partagé, dit Françoise Moret. Mais elle ajoute qu'elle s'est vite lassée de n'être que le numéro 2 dans la vie de Liénard, qui ne pouvait pas divorcer, sa femme le menaçant de se suicider s'il la quittait. Puis les enfants étaient encore très jeunes, ils avaient besoin de leur père. Il fallait attendre.

A trois reprises, Françoise Moret rompt avec son amant qui, chaque fois, vient la relancer, la suppliant de ne pas l'abandonner et lui promettant de divorcer. Ce qu'il oublie de faire dès qu'elle a cédé. Leur relation se détériore lentement avec des drames de plus en plus fréquents. Françoise Moret avoue avoir eu une aventure en Italie avec un journaliste français, pendant les vacances d'été de l'an dernier. Simon Liénard était parti avec sa femme et ses enfants pour la Corse.

Dans un premier interrogatoire, elle dit avoir rompu avec le journaliste dès qu'elle a retrouvé, à Paris, Simon

Liénard. Mais trois heures plus tard l'aventure avec le journaliste se serait poursuivie à Paris, et par dépit Simon Liénard serait devenu l'amant d'une jeune attachée de presse qui venait d'entrer dans son service.

Première réaction de Françoise Moret : « Ça m'arrangeait, je n'en souffrais donc pas. » Puis, trois heures plus tard : « C'est un fait, j'ai reproché à Simon cette aventure avec la jeune Corinne Auberton. Nous nous sommes querellés. Notre liaison s'acheminait vers la fin. »

Le jour du meurtre de Simon Liénard, Françoise Moret arrive aux Editions Raymond Houdert vers dix-sept heures. Elle monte directement au premier étage où se trouve le bureau de Liénard, qui renvoie le directeur commercial, Pierre Cressonnière, avec lequel il discutait. Témoignage de Françoise Moret : « J'ai dit à Simon que je désirais rompre une liaison qui me fatiguait. Il ne m'a pas crue. J'étais lasse, je ne voulais plus discuter, il m'a menacée. »

Question de l'inspecteur principal Didier Cormin :

— De quoi pouvait-il vous menacer ?

— De me tuer d'abord ; de se tuer ensuite.

— Comment avez-vous réagi ?

— Je lui ai dit qu'il était bien trop lâche pour exécuter ces menaces. Puis je suis partie en claquant la porte.

— Quelle heure était-il ?

— Plus de six heures.

Au cours du second interrogatoire, Françoise Moret prétend qu'en traversant le hall pour sortir, elle a regardé la pendule murale : il était dix-huit heures trente. Mais le témoignage de la standardiste est formel : quand elle a vu partir Françoise Moret, il était près de dix-neuf heures.

Une certitude pour les officiers de la Police judiciaire : Françoise Moret est la dernière personne à avoir vu vivant Simon Liénard : tous les témoignages concordent. Dans la marge, au crayon, l'inspecteur principal Didier Cormin a griffonné : « Mobile : argent ou cul, comme d'habitude. »

Je ne m'attarde pas sur ces témoignages, préférant convoquer les collaborateurs de Simon Liénard et les deux éditeurs : Raymond Houdert et sa fille Caroline qui a repris la direction de la maison. Pour l'instant, je ne pense qu'à Françoise Moret en garde à vue et présumée coupable d'un assassinat. Mais où est l'arme du crime ? Et peut-on accuser une femme de préméditation quand le meurtre a été commis dans une pièce où plus d'une douzaine de personnes pouvaient entrer à tout moment ? Enfin, s'il s'agit d'un poignard ou d'un couteau de boucher, il est surprenant qu'une femme ait choisi cette arme pour tuer son amant. Mais le procureur et les policiers objecteront que tout est possible de la part d'une femme jalouse et qu'ils ont vu des cas plus étonnants encore.

Trop fatiguée pour aller promener Caresse dans la rue, j'ouvre ma porte-fenêtre et je la laisse faire ses besoins dans le jardin tandis que je me prépare pour la nuit. Une nuit qui sera courte car je devrai, avant de partir pour le Palais, téléphoner à Stéphane et à mes parents pour les prévenir que mon voyage en Grèce est annulé. Et j'appréhende à l'avance les longs commentaires de ma mère.

Elle entre dans mon bureau. Elle n'est ni blonde ni brune, ni très grande ni petite. Françoise Moret ne correspond pas du tout à la femme que j'imaginais. Très belle certes, mais d'une beauté altière qui devient de plus en plus évidente à mesure qu'on la détaille. Le cheveu, couleur de châtaigne, est raide ; les vastes yeux, gris-bleu, sur lesquels les paupières tombent comme des volets. Le nez droit pourrait paraître un peu long si le front n'était pas aussi haut et l'ovale parfait. Le corps est sans relief, épaules larges, hanches étroites. C'est l'anti-Marilyn Monroe, l'anti-femme éclatante et fragile qu'un homme a envie de protéger pour ne pas dire plus. La beauté de

Françoise Moret s'apparente davantage à celle d'une Greta Garbo et donne à penser que la prévenue se protège fort bien seule.

Je la prie de s'asseoir, ainsi que maître Agnès Désaleux. Paul, mon greffier, que j'ai retrouvé ce matin avec un certain plaisir, se retient de siffler, c'est évident, pour saluer le physique de Françoise Moret, et je retiens, moi, un sourire tandis que j'explique qu'il est essentiel d'éclaircir d'emblée plusieurs points de son interrogatoire à la P.J.

— Persistez-vous à affirmer que vous n'avez pas tué Simon Liénard ?

— Oui.

Sa voix est sèche mais douce, pareille à du sable glissant sur un rocher.

— Parlez plus fort, s'il vous plaît.

— Je n'ai pas tué Simon.

— Vous avez été la dernière personne à entrer dans son bureau ce jour-là.

— Ça n'a jamais été prouvé.

Cette fois, c'est la voix brève et nette de maître Désaleux. Je la regarde et j'ai l'impression de la voir sourire, mais ce n'est pas cela : elle a la bouche légèrement tordue, comme si elle avait souffert d'une attaque de paralysie. Son buste est imposant : vaste poitrine, épaules massives (« une belle paire de poumons », dira plus tard mon greffier). Elle grisonne discrètement, ce qui adoucit les traits puissants du visage. Maître Désaleux a une excellente réputation d'honnêteté et d'efficacité.

— Revenons sur les horaires, dis-je en me tournant vers Françoise Moret. Vous êtes entrée dans le bureau de Simon Liénard vers dix-sept heures, où vous avez croisé le directeur commercial, Pierre Cressonnière. C'est exact ?

— Exact.

— Quand vous en êtes ressortie, vous affirmez dans un premier temps qu'il était un peu plus de dix-huit heures, et dans un deuxième temps qu'il était dix-huit heures trente. Pouvez-vous justifier ces horaires ?

— J'avais un rendez-vous avec un ami à dix-huit heures quarante-cinq, dans un café de Saint-Germain-des-Prés. J'ai dû regarder l'heure quand j'ai traversé le hall et sortir à temps pour être exacte à mon rendez-vous. J'ai horreur d'être en retard.

— On a interrogé cet ami, Serge Gouvion, scénariste. Vous l'avez rejoint à dix-neuf heures vingt, il allait partir.

— J'ai été victime d'une circulation folle, cela arrive tous les jours.

Elle n'est pas très habile, c'est évident. Je n'ai lu aucun de ses romans mais j'ai entendu parler d'eux par ma mère qui les connaît : c'est, dit-elle, remarquablement ficelé, clair, écrit d'une plume aiguë, excellente recette pour « grand public ». Et je me dis que Françoise Moret ne ressemble pas à ses romans : elle est loin d'être claire et accessible au plus grand nombre ; surtout, elle n'a pas l'habileté qu'ont ses intrigues.

— En comparant vos horaires à ceux qu'avance la standardiste, dis-je, on trouve un important décalage. Pour Myriam Vitran, vous seriez partie entre dix-huit heures quarante-cinq et dix-neuf heures.

A nouveau, maître Désaleux intervient :

— Il faudrait donc admettre que la standardiste a regardé l'heure au moment même où sortait ma cliente. Est-ce vraisemblable ? Assurément non. Quand on est standardiste, on ne regarde pas l'heure à tout moment.

— Si, maître, quand la journée de travail s'achève et qu'elle a été longue. En outre, la standardiste a, non loin d'elle, une pendule murale. Il lui suffit de lever la tête pour voir l'heure.

— Madame le Juge, vous connaissez aussi bien que moi, je suppose, la faiblesse de ce genre de témoignage.

Vous l'avez dit vous-même : la standardiste avait eu une longue journée de travail, elle était fatiguée, elle a peut-être regardé l'heure comme elle le dit, mais parce qu'elle était fatiguée justement, elle a inconsciemment souhaité qu'il fût pas loin de dix-neuf heures afin qu'elle puisse quitter son poste.

— Vous interprétez, maître, quand je réclame des faits.

— Il n'y a pas de faits probants dans cette mise en examen, il n'y a que des présomptions. Où est l'arme qui a tué Simon Liénard ?

— On la trouve rarement sur les lieux du crime, maître.

— Et quelle preuve a-t-on que ma cliente a été le dernier témoin à avoir vu vivant le directeur littéraire Simon Liénard ?

— Tous les témoignages concordent : personne n'a vu entrer un collaborateur ou un auteur entre le moment où Françoise Moret est sortie du bureau de Simon Liénard et celui où est entrée la femme de ménage des Editions Raymond Houdert, c'est-à-dire à un peu plus de dix-neuf heures.

— Madame le Juge, savez-vous ce qui se passe dans une maison d'édition après le départ du petit personnel, vers dix-huit heures ? Je vais vous le dire : les cadres supérieurs et les attachées de presse s'enferment dans leur bureau pour pouvoir enfin travailler tranquillement. Ils ne traînent pas dans les couloirs et n'ont donc pas la possibilité d'observer qui entre ou sort du bureau d'un collaborateur.

— C'est encore une interprétation, maître.

— Non, c'est une conclusion logique.

Elle a tourné la tête vers sa cliente et cette fois elle sourit vraiment, ce qui ne vaut rien à son visage car elle découvre des petites dents de rongeur. Françoise Moret reste impassible, donnant l'impression de s'ennuyer. Je regarde ses mains ingrates et fortes qu'elle a posées sur ses cuisses comme si elles lui paraissaient lointaines : deux instruments distincts, désaccordés. Je pense que de pareilles mains pourraient fort bien donner un coup de poignard ou un coup de couteau. Puis je reprends le dossier point par point, lisant tout haut les déclarations des témoins, les questions des policiers et les réponses de Françoise Moret. A deux ou trois reprises, maître Désaleux tente de m'interrompre, mais je lui demande de me laisser terminer ma lecture. Après quoi, je me tourne vers Françoise Moret :

— Maintenez-vous vos réponses ?

— J'aimerais préciser une fois pour toutes le contenu de ma discussion avec Simon Liénard. Je suis allée le trouver pour lui dire que je voulais rompre une liaison qui me lassait, et non le contraire comme l'affirment certains témoins qui auraient reçu des confidences de Simon.

— En effet, Pierre Cressonnière, Didier Gravais et Ariane Stocker, respectivement directeur commercial, directeur financier, et directrice du département étranger affirment que Simon Liénard leur aurait dit qu'il était las lui-même de cette liaison et qu'il voulait rompre toute attache avec vous.

— Ou bien ces témoins ont mal compris ce que disait Simon, ou bien, ce que je croirais plus volontiers, Simon leur a menti pour que sa réputation de don Juan n'en soit pas ternie. Aucun homme ne se vante d'avoir été plaqué par une femme, surtout auprès de ses collaborateurs.

— Mais tout le monde savait qu'il avait une aventure avec une jeune attachée de presse, Corinne Auberton.

— Par dépit. Parce que je lui avais avoué qu'un autre homme était devenu mon amant. J'ai, chez moi, des lettres récentes de Simon qui prouvent à quel point il tenait à moi.

— Je vous fournirai ces lettres, madame le Juge, intervient maître Désaleux. Nous n'avons pas eu le temps d'aller les chercher. L'arrestation de ma cliente était imprévisible, comme l'est sa garde à vue. J'ai d'ailleurs l'intention de demander la liberté pour Françoise Moret.

— Fournissez-moi les lettres, maître, et tous documents qui peuvent être utiles à la défense.

Je récapitule, pour Paul, l'interrogatoire de Françoise Moret, qu'elle signe après l'avoir relu. Fin de cette première séance. J'ai besoin de réfléchir, d'entendre les témoins et d'aller voir le décor du crime. Je n'ai jamais pénétré dans une importante maison d'édition. Ma démarche ne sera donc pas inutile.

Françoise Moret s'est levée après avoir signé sa déposition. Maître Désaleux en fait autant et je remarque alors que son embonpoint est pour elle comme un manteau trop grand ; dès qu'elle esquisse un geste, le dessous de ses bras se met à trembler comme du papier crépon autour d'un os. Et son étonnant sourire transforme son visage en grosse pomme flétrie.

3

A trente-quatre ans, Caroline Houdert était la directrice des Editions Raymond Houdert, créées par son père. Le vieux Ray s'était mis discrètement en semi-retraite depuis un an et ne venait plus que deux fois par semaine dans sa maison d'édition où il avait conservé son bureau, au premier étage. La publicité faite au meurtre de Simon Liénard ennuyait d'autant plus Caroline que c'était sa romancière vedette, Françoise Moret, qui était accusée du meurtre.

Absurde, se disait-elle en essayant de récapituler les principaux faits de cette tragique fin de journée hivernale (le 1er mars). A dix-sept heures, elle avait entr'aperçu Françoise Moret qui lui avait lancé un rapide bonjour avant de pénétrer dans le bureau de Simon Liénard d'où Pierre Cressonnière allait bientôt sortir.

A partir de là, Caroline avait été absorbée par de longs coups de fil d'auteurs et de journalistes. Puis, à dix-huit heures, Guillaume Rochant était entré dans son bureau. Elle aimait bien Guillaume qui dirigeait depuis dix ans la collection « documents et essais », et qui était le seul à la tutoyer.

De quoi avaient-ils parlé ? D'un manuscrit reçu par la poste et qui avait séduit Rochant. L'auteur était professeur de lettres dans un collège situé dans le quartier de la Goutte d'Or, à Paris. Il décrivait d'un ton dépassionné et rigoureux son expérience avec ses élèves, presque tous noirs ou maghrébins ; ses difficultés le plus souvent, mais aussi sa joie de découvrir quelques « grosses têtes » parmi ces enfants mal logés, mal nourris, presque mal aimés.

Elle n'exerçait aucune contrainte sur Guillaume Rochant, le laissant libre de publier les textes de son choix. Mais il restait sensible à son jugement. C'est la raison pour laquelle il était allé chercher le manuscrit en question dans son propre bureau pour qu'elle le lise.

Guillaume Rochant avait connu Caroline à l'époque où elle était encore à l'université et où elle affichait des idées subversives. Le mariage l'avait calmée. Très éprise de son mari, elle avait tenté en vain de lui faire renoncer au barreau pour une expérience dans l'édition. Mais maître Bruno Bernardet n'était pas attiré par un milieu où, disait-il, on rencontre plus de mondains que de véritables professionnels. Il refusait surtout de travailler dans une maison où il ne serait, au mieux, qu'un cadre supérieur dépendant de sa propre épouse et de son beau-père.

Ce soir-là, se disait Caroline Houdert, j'étais très fatiguée et surtout inquiète, comme si je prévoyais un drame. A Guillaume Rochant, elle s'était plainte de Simon Liénard, non seulement à cause d'un prière d'insérer bâclé, mais du comportement du directeur littéraire depuis quelque temps. Liénard était devenu intransigeant avec les auteurs qui ne lui plaisaient pas, il faisait des remarques acerbes ; revenait de ses déjeuners professionnels à plus de seize heures, ayant parfois trop bu et se justifiant avec arrogance : « Quand j'invite un auteur, je ne peux tout de même pas lui offrir de l'eau pour accompagner son déjeuner. » Enfin, bien que son salaire fût ultraconfortable et ses notes de frais excessives, il avait demandé à Caroline une augmentation.

Elle ne pourrait jamais la lui accorder car c'était au moment même où elle faisait ces confidences à Guillaume Rochant qu'ils avaient entendu le cri de la femme de ménage. Il était dix-neuf heures, un peu plus de dix-neuf heures. Ils s'étaient précipités dans la direction du cri, c'est-à-dire presque en face du bureau de Caroline, et avaient pénétré dans celui de Simon Liénard. Le directeur littéraire était affaissé sur son bureau, le visage collé sur la table, le dos ensanglanté, les bras pendants et inertes. Rochant s'était avancé vers lui et avec précaution avait relevé la tête aux yeux sans vie. La femme de ménage avait à nouveau hurlé. Caroline l'avait fait sortir brutalement et avait téléphoné aussitôt à la police.

Qui était encore dans la maison quand les flics sont arrivés ? se demandait Caroline. Chronologiquement, après le cri de la femme de ménage, deux des trois attachées de presse sont aussitôt montées (la troisième était déjà rentrée chez elle). Caroline se rappelait la pâleur verdâtre de Corinne Auberton quand elle avait aperçu le corps ensanglanté de son amant ; elle avait dû se réfugier dans les toilettes pour vomir. Nous étions d'ailleurs tous très pâles, se souvenait Caroline.

La directrice du département étranger, le directeur financier, la chef correctrice, le chef de publicité et le chef de fabrication étaient descendus du deuxième étage avec leurs assistants. Pierre Cressonnière s'était glissé parmi eux. Enfin, venant du rez-de-chaussée, était arrivée Myriam Vitran, la standardiste. Celle dont le témoignage devait devenir accablant pour Françoise Moret.

Caroline n'avait pas encore eu le courage d'aller la trouver et de la faire parler. Elle était persuadée que, lorsque Françoise avait traversé le hall pour sortir, Myriam Vitran n'avait pas regardé l'heure. Pourquoi l'aurait-elle fait ? Caroline la trouvait sotte et antipathique : elle faisait attendre les appels inconsidérément, bavardait avec les emballeurs et les coursiers, lisait les journaux qu'elle allait dérober au service de presse, et ce n'étaient pas les meilleurs. Pour Myriam Vitran, l'heure importante c'était le coup de fil de la patronne qui lui disait qu'elle pouvait partir, vers dix-neuf heures.

Myriam Vitran était donc montée la dernière, après l'arrivée des policiers qui avaient demandé aux personnes présentes de ne pas quitter les lieux. Bref interrogatoire, qu'ils allaient reprendre plus tard après les avoir tous convoqués à la Police judiciaire. Myriam Vitran était encore là, se rappelait Caroline, quand le substitut du procureur, le médecin légiste et les services techniques étaient arrivés. Caroline dut lui ordonner de rentrer chez elle. Tous les autres étaient partis sauf Guillaume Rochant qui attendait le mari de Caroline Houdert, maître Bruno Bernardet. Un jeune homme séduisant, ce Bernardet dont Caroline était folle. Lui ? Il se laissait aimer avec humour et une certaine tendresse pour cette femme exigeante et passionnée qui avait trois ans de plus que lui.

Caroline, qui au début s'était remarquablement comportée, commençait à paniquer. Le corps de Simon Liénard venait d'être emmené à l'Institut médico-légal et les techniciens poursuivaient leur travail de fourmis. Le médecin légiste, les policiers et le substitut discutaient entre eux. Bruno Bernardet leur demanda s'il pouvait partir avec sa femme qui était épuisée : le gardien de l'immeuble fermerait les portes derrière eux.

Guillaume Rochant accompagna Caroline Houdert et son mari jusqu'à leur domicile, à cinq cents mètres de la maison d'édition. Ils prirent ensemble le verre d'alcool qui s'imposait.

— Qu'en penses-tu ?

Guillaume Rochant interrogeait Bruno Bernardet pour qui il venait d'évoquer les moments précédant le meurtre, la découverte du cadavre et l'arrivée des collaborateurs encore présents dans la maison.

— Ne me bouscule pas, répondit l'avocat. Tu le sais, je suis un lent.

— Bluff, dit Caroline en préparant une deuxième

tournée de whisky-Perrier. Tu le crois distrait, ailleurs, et il est déjà prêt à te dévorer.

Dans l'œil clair de Bruno Bernardet, Guillaume Rochant vit, l'espace d'un instant, s'allumer et mourir une férocité incroyable. Whisky.

— Ça ne ressemble pas à un crime passionnel, dit l'avocat, mais je peux me tromper. Après tout, l'amour fou n'est pas la seule passion que nous connaissions. Parmi vos écrivains, il doit y avoir une rivalité et une ambition meurtrières. Ce soir, un auteur aurait pu s'introduire dans le bureau de Simon Liénard...

— Les flics nous ont interrogés pour savoir quels étaient ceux qui étaient entrés en fin de journée dans la maison, dit Rochant. Au premier étage, nous en avons trouvé un : Patrick Cadet, l'auteur de polars ; au rez-de-chaussée, deux : Sylvain Bontemps et Jean Peyronnet. Les flics ont pris leurs noms ; ils les convoqueront. Mais ces auteurs-là ne sont pas des excités et ils n'ont jamais été seuls durant toute la soirée.

— Les plus réservés sont les pires, intervint Caroline. Ils n'osent pas avoir d'exigence quand ils sont dans mon bureau, mais je sais par la rumeur qu'ils se plaignent d'être incompris par la direction littéraire et par moi-même.

— J'ai toujours pensé qu'une maison d'édition était une maison de fous, dit calmement Bernardet. Ecrire, se faire publier, s'adresser à des lecteurs anonymes, c'est déjà un symptôme de névrose. Mon vieux Guillaume, tu n'échappes pas à la règle.

— Et j'en suis fier, dit Rochant. Fier d'être un fou éclairé dans un monde de fous abêtis et amorphes.

— Aurais-tu pu tuer Simon Liénard ?

— Ne me provoque pas. Tu sais parfaitement que j'ai aimé Françoise, que je l'aime encore. Je pourrais être un suspect idéal si je n'avais pas un alibi en béton : à l'heure du crime, j'étais avec Caroline dans son bureau.

— Qui était dans celui de Liénard ?

— Pierre Cressonnière, le directeur commercial, en est sorti vers dix-sept heures, croisant Françoise. Personne, jusqu'à présent, ne sait à quelle heure elle en est ressortie.

Mais aujourd'hui, Caroline savait que Myriam Vitran, la standardiste, affirmait que Françoise Moret avait quitté les Editions Raymond Houdert entre dix-huit heures quarante-cinq et dix-neuf heures. En fait, c'était ce témoignage fragile qui avait forgé la conviction des policiers ; et aussi le manque de témoignage d'un collaborateur de la maison qui serait entré dans le bureau de Simon Liénard après le départ de Françoise.

Craignant l'irruption d'une de ses migraines, Caroline Houdert se leva et alla frapper à la porte du bureau de Rochant.

— Entre, dit Guillaume, j'ai reconnu ton pas. Assieds-toi. Tu n'as pas bonne mine.

— Bruno m'a appelée il y a une heure : maître Désaleux lui confie Françoise. Il est fou de joie.

— Elle laisse tomber l'affaire ? C'est mauvais signe.

— Pas du tout. C'était convenu depuis le début. Mais Bruno n'était pas sûr qu'elle le choisirait. Un autre avocat du groupe, plus âgé que lui, était sur les rangs. Désaleux a choisi Bruno parce qu'il connaît l'édition.

— Mais il est l'époux de la femme qui édite Françoise Moret ! Déontologiquement...

— Ne sois pas plus légaliste que le juge d'instruction, qui est d'ailleurs une femme.

— Comment est-elle ?

— Bruno ne m'a rien dit de particulier si ce n'est qu'elle est jeune.

— Plus elles sont jeunes, plus elles sont vaches. Pauvre Moret !

Caroline sourit :

— Oublie-la. Françoise n'est plus pour toi, surtout maintenant.

— Tant qu'elle aura besoin de moi...

— Qui te dit qu'elle aura besoin de toi ?

— Crois-tu qu'elle soit coupable ?

— Non. Franchement non. Mais je suis la seule à le penser. Avec toi.

4

FLORENCE LARRIEU

J'APPARTIENS au clan très minoritaire des juges d'instruction qui n'ont pas vomi sur les nouvelles lois restreignant leur pouvoir et accordant aux présumés coupables le droit d'avoir un bref entretien avec leur avocat après vingt heures de garde à vue. En France, nous étions à la traîne des Etats-Unis et des principaux pays d'Europe appliquant depuis longtemps cette loi. Les policiers protestent, et aussi certains avocats qui se plaignent de n'être pas rémunérés pour cette brève visite. La France ronchonne, c'est son rôle le plus apprécié et, hélas ! le plus connu.

Paul, mon greffier, est fiancé. Il m'a invitée à la cérémonie, chez les parents de Céline, sa fiancée, et je ne vois pas comment j'aurais pu refuser. La cérémonie aura lieu la semaine prochaine. En attendant, je découvre un autre Paul, plus mûr, plus sûr de soi, qui me dit sa satisfaction de voir un jeune avocat, maître Bruno Bernardet, prendre la relève de maître Désaleux.

— Seriez-vous misogyne, Paul ?

— Grands dieux non ! je vais épouser une féministe. Vous la verrez, elle est...

— Bon, j'ai promis, j'irai à vos fiançailles. Mais pourquoi préférez-vous que Françoise Moret ait un avocat masculin ?

— Parce que, dans ce bureau, vous étiez trois femmes et j'étais le seul homme. Je me sentais floué.

— Et en plus, vous lisez Simone de Beauvoir !

Je réprime une envie de rire devant son air ahuri.

— Je ne lis que *L'Equipe*, précise-t-il. Qui est Simone de Beauvoir ?

— Une dame écrivain qui, elle aussi, se sentait flouée, mais pas pour les mêmes raisons que vous.

Avant d'entendre à nouveau Françoise Moret et son avocat, j'ai obtenu l'accord du substitut pour aller interroger les témoins sur les lieux du crime : les Editions Raymond Houdert. En fin de compte, et j'avais oublié ce détail, ce n'est pas la première fois que je pénètre dans une maison d'édition : à l'époque où j'étais mariée, j'avais eu la faiblesse d'aller relancer un petit éditeur à qui mon époux avait confié un manuscrit. N'obtenant pas de réponse, ce qui était mauvais signe, Jean-Jacques m'avait envoyée en mission, espérant que je saurais mieux que lui convaincre cet éditeur de le publier. Fiasco, bien entendu.

En pénétrant dans les vastes locaux des Editions Raymond Houdert, je pense à tous ceux qui, comme mon ex-mari, ont l'espoir d'être édités et ne le seront jamais. C'est d'ailleurs la première question que je pose à la directrice de cette maison, la charmeuse (bien trop roublarde pour n'être que charmante) Caroline Houdert.

— Lisez-vous tous les manuscrits envoyés par la poste ?

— Le grand public ne le croit pas, mais nous les lisons tous sans exception, ce qui coûte cher. Car il faut payer les lecteurs et renvoyer par la poste à nos frais les manuscrits.

— Ceux qui les envoient par la poste sont des inconnus. En moyenne, combien de ces inconnus publiez-vous par an ?

— Deux à cinq. Et nous recevons plus de cinq mille manuscrits.

— Je suppose que vous désespérez ces auteurs refusés.

— Certains nous l'écrivent. Quelques-uns sont même agressifs.

— En somme, la profession de directeur littéraire n'est pas sans danger. Y avait-il des auteurs, dans vos locaux, le jour et à l'heure où Simon Liénard a été assassiné ?

— Françoise Moret, bien sûr. Et Pierre Cressonnière avait dans son bureau un romancier, un auteur de polars, qui a dû partir un peu avant dix-neuf heures. Cressonnière vous le dira lui-même.

Le bureau de Caroline Houdert n'est pas très grand ni meublé de façon cossue. Il ne ressemble en rien à la femme : table à plateau de verre, fauteuils d'acier et de cuir, stores vénitiens. Un lampadaire surgit d'un angle de la pièce comme la flèche d'une grue. Des bibliothèques murales en bois noir verni, des affiches représentant le Moulin-Rouge de Toulouse-Lautrec, une pièce de Cocteau et une autre de Beckett.

La jeune directrice pose sur moi son regard blond et sourit :

— Pardonnez-moi d'être aussi familière, mais je ne puis m'en empêcher : vous avez l'air d'une gamine, madame le Juge.

Et comme pour faire écho à ce qu'elle vient de dire, je sens mes joues s'embraser. La toux intempestive de Paul n'arrange rien. Je crois sentir son sourire dans mon dos. J'interroge :

— Avez-vous vu partir Françoise Moret ?

— Non. Mais si je puis me permettre de vous donner mon opinion, Françoise Moret n'a pas pu tuer Simon Liénard.

— Vous pouvez même me donner vos arguments.

— Françoise n'écrit que des best-sellers, ce qui représente de jolis revenus. Elle est belle, encore jeune, séductrice. Sa liaison avec Simon Liénard était pratiquement terminée. L'un et l'autre regardaient ailleurs. Ni l'intérêt ni la passion amoureuse n'auraient donc pu la pousser à tuer.

— Peut-être un troisième mobile ?

— Je n'en vois pas. Et puis ce coup de poignard dans le dos... Françoise a beau être grande et sportive, on ne me fera jamais croire qu'elle ait pu poignarder un homme.

— Il existe des performances féminines plus extraordinaires. D'après l'enquête de la Police judiciaire, les cadres et les assistants qui se trouvaient encore au deuxième étage étaient tous groupés entre dix-huit heures et dix-neuf heures. Pouvez-vous le confirmer ?

— Mon Dieu, étant donné que j'étais moi-même en compagnie de Guillaume Rochant, je ne peux pas confirmer solennellement ce qu'ils ont dit. Mais le directeur financier Didier Gravais, le chef de publicité Jean-Bernard Cohen, la directrice du département étranger Ariane Stocker, et la chef correctrice Marie-Jeanne Willemot sont tout à fait dignes de confiance.

— Puis-je entrer ?

La voix est grave, profonde, aussi calme qu'une prière et aussi puissante. Quand je fais volte-face, je dois lever la tête pour regarder celle d'un homme encore jeune, au sourire chaleureux. Il entre dans la pièce d'un pas conquérant, style « me voici, n'est-ce pas merveilleux de me voir ? »

Caroline Houdert le présente :

— Guillaume Rochant, le directeur de la collection « essais et documents ».

Sa main droite se tend comme une arme. Il porte un jean « couture » et sa veste est de pur cachemire.

— Puis-je vous aider, madame le Juge ?

— Sans doute. Je sais déjà que, le soir du meurtre de Simon Liénard, vous vous trouviez ici, dans le bureau de Caroline Houdert. Vous n'en êtes sorti à aucun moment ?

— Si. Pour aller chercher un manuscrit dans mon propre bureau. Un aller et retour.

— Connaissiez-vous bien Simon Liénard ?

— Dans la mesure où l'on peut connaître un collaborateur avec lequel on travaille quotidiennement depuis sept ans. Simon avait des problèmes.

— Privés ou professionnels ?

— Les deux. Vous savez, quand on prétend mener de front une carrière de directeur littéraire dans une importante maison d'édition, une vie familiale et des aventures extraconjugales, il faut être costaud pour maîtriser tout cela. Personnellement, je ne le pourrais pas.

Pourquoi suis-je troublée par la présence de cet homme ? Il a du charme, certes, et ses yeux d'un bleu intense me fascinent, mais il ne ressemble pas aux jeunes hommes insolents et en fin de compte paumés qui m'ont toujours attirée.

— Guillaume est un célibataire impénitent, dit Caroline Houdert. Il ne prend pas le risque d'avoir une double vie, encore moins une triple.

— Qui sait ? dis-je. Qui pourrait l'affirmer ?

— Moi, soupire-t-il avec un irrésistible sourire. Mais peut-être ne sommes-nous pas assez convaincants, Caroline et moi ? A force d'avoir lu Agatha Christie dans notre adolescence, il est possible que nous ayons emprunté l'ingénieuse démarche des héros de l'un de ses romans dont j'ai oublié le titre, pardonnez-moi.

— Que faisaient ces personnages ?

— Ils poignardaient tous la même personne, l'un après l'autre. Tous coupables, pas de jaloux, madame le Juge.

Il est temps que j'échappe à cette présence si je veux mener mon enquête en toute sérénité. Je me tourne vers Caroline Houdert :

— Est-ce que M. Raymond Houdert a encore un bureau ?

— Bien sûr. Mon père est même là aujourd'hui. Voulez-vous le voir ?

— Volontiers.

Quand elle se lève pour m'accompagner, je suis étonnée

par sa petite taille et ses hanches fortes. Je la suis et Guillaume Rochant nous accompagne, dont le bureau est en face de celui de Raymond Houdert.

Quand nous entrons, il s'arrache à son fauteuil, épaule après épaule, les reins ensuite et enfin les fesses. Je constate qu'il n'est pas plus grand que moi, la tête posée, semble-t-il, sur les épaules, le cou étant presque escamoté. Il a une incorrigible crinière blanche et un œil noir qui se laisse redouter. Des sillons, une portée de rides ondulées pour son front, une parenthèse incrustée pour les coins de sa bouche caricaturent son visage fatigué.

— Je n'étais pas là le soir du drame, dit-il d'une voix sourde. Pour moi, ce meurtre est inexplicable.

Son bureau est le plus vaste, le plus sombre aussi de la maison. Des murs beiges envahis de photographies d'écrivains, les vieux pour la plupart, ceux que Raymond Houdert a lancés. Une longue table en chêne massif se trouve près de la fenêtre, avec les accessoires habituels et un curieux coupe-papier à la lame effilée. Mon regard s'y attarde et Raymond Houdert sourit :

— L'arme du crime, peut-être ?

— Peut-être, dis-je sans insister.

Mais je déplore *in petto* que la P.J. ait négligé la fouille du bureau de Raymond Houdert. J'appellerai l'inspecteur Cormin pour lui en parler.

— Fermez-vous votre bureau à clé quand vous vous absentez ?

— Non, répond-il. Nous ne sommes pas aussi méfiants dans l'édition. Puis nos locaux manquent de bureaux et il arrive qu'un auteur vienne ici signer son service de presse.

— Eh bien, nous n'allons pas abuser de votre temps. Merci, monsieur. J'aimerais voir le bureau de Simon Liénard, dis-je à Caroline Houdert.

Guillaume Rochant est déjà sur la porte :

— Je vais vous y conduire, c'est en face.

S'il continue à sourire, je crie. Dieu merci, Caroline Houdert nous accompagne ou plutôt nous précède :

— On a, dit-elle, tout laissé en l'état.

L'ensemble est dans les mêmes tons jaune paille. De longs rideaux masquent les fenêtres et un coton plus clair, presque blanc, couvre les fauteuils. La pièce est de taille modeste et donne l'impression d'être veloutée, presque féminine. Une seule affiche qui représente la couverture d'un roman de Françoise Moret, surmontée d'une photographie sublime de l'auteur et d'un chiffre : 250 000 exemplaires. Moret valait donc 250 000 exemplaires avant d'être mise en examen pour meurtre. Curieuse association.

Sur la moquette grise, les taches de sang n'ont pas été nettoyées et nous les enjambons, tournant autour de la table où se trouvent plusieurs stylos, un répertoire, un carnet d'adresses, un bloc-notes, des revues professionnelles et trois manuscrits. Tandis que je les examine, entre Pierre Cressonnière, le directeur commercial : la trentaine bien entamée, une tête triangulaire, osseuse, d'où le front semble avoir été escamoté, les cheveux noirs et touffus le masquant jusqu'aux sourcils. D'épais sourcils qui ressemblent à un oiseau dessiné par un gamin.

— Vous êtes, dis-je, la personne qui a vu entrer Françoise Moret dans ce bureau à dix-sept heures. Depuis quand y étiez-vous ?

Ses sourcils se rejoignent comme deux petites moustaches qui voudraient s'accoupler : Pierre Cressonnière réfléchit.

— Moins d'une heure, dit-il. Oui, beaucoup moins.

Son regard s'attarde sur le bureau de Simon Liénard.

— Il me semble... en fait, j'en suis sûr : il y avait un manuscrit ouvert sur le bureau quand j'y suis entré ; il est resté ouvert quand je suis ressorti.

— Simon Liénard l'a peut-être refermé après votre départ.

— C'est possible, oui. Mais où l'aurait-il mis ? Trois manuscrits fermés étaient sur son bureau ; ils y sont encore.

— Vous êtes un fin observateur, dis-je.

— Je l'ai toujours été. A huit ans, quand je jouais avec mon père à un jeu d'observation, « les sept erreurs », je le battais toujours.

— Vous allez sans doute m'être très utile. Qu'y avait-il encore sur ce bureau qui n'y est plus ?

— Rien d'autre, jette-t-il après un long regard. Ni couteau ni poignard.

— Après être sorti du bureau de Simon Liénard, où êtes-vous allé ?

— Dans mon propre bureau, un peu plus loin. Je devais téléphoner à des libraires et vérifier les ventes de la journée. A dix-huit heures un auteur de romans policiers, Patrick Cadet, est entré pour me demander si son dernier polar démarrait bien. Il était inquiet, je l'ai rassuré, nous avons bavardé, et pour me débarrasser de lui car il s'incrustait je l'ai envoyé au service de presse où quelques articles sur son roman l'attendaient. Je l'ai déjà dit aux policiers qui m'ont interrogé.

Je ne sais pourquoi mais me vient soudain l'idée écœurante que cet homme-là pourrait être mon ami.

Avec l'accord de Caroline Houdert, nous descendons au rez-de-chaussée où, dans une grande salle séparée en trois par des panneaux vitrés, s'agitent, téléphonent, tapent sur des machines à traitement de texte, bavardent trois attachées de presse et leurs assistantes.

Evelyne Torrent, qui se consacre aux documents, est une fausse rousse et une fausse jeune dont le visage a sans doute été séduisant mais commence à s'affaisser un peu ; un pli se dessine sous le menton.

— Avez-vous vu Patrick Cadet et à quelle heure ?

— Je l'ai vu. Tard. Violaine Janin l'a reçu.

De sa main droite, qui tient un stylo, elle montre la

cloison qui sépare les deux attachées de presse et leurs assistantes. En trois pas, je suis dans l'espace non clos de Violaine Janin, préposée aux romans : une jolie brune aux cheveux mousseux, au visage large et laiteux. Rire somptueux.

Je renouvelle ma question et la voix musicale de Violaine Janin s'étonne :

— Mais oui, je l'ai reçu. Patrick Cadet est un charmant garçon, timide et angoissé, mais quel auteur ne l'est pas, je veux dire angoissé, car pour la timidité...

— Quelle heure était-il ?

— Je ne sais pas.

— Aux policiers vous avez dit : près de dix-neuf heures.

— C'est possible. Mais je n'ai regardé l'heure que lorsque la femme de ménage a crié. Je suis alors montée au premier étage en compagnie de Corinne Auberton.

Elle est là, la jeune Auberton, tout au fond de l'immense salle du rez-de-chaussée, dans un espace non clos et séparé par une cloison vitrée de celui de Violaine Janin. Son visage blême trahit son inquiétude. Elle a la beauté du diable, et le diable n'est sûrement pas étranger à sa liaison avec Simon Liénard. Comme l'ont dit aux flics les collègues de la jeune femme : « Elle en veut. » Je ne tiens pas à l'interroger en présence des autres. Je la convoquerai.

La standardiste, que je convoquerai également, vient d'entrer et s'avance vers moi :

— On vous demande au téléphone, madame le Juge. Je vous fais passer la communication ici ?

— Je la prendrai au standard.

Je m'attendais à entendre la belle voix de mon substitut mais c'est celle de mon père, un peu sourde, voilée.

— On m'a dit au Palais où tu étais. Ta mère vient d'avoir un infarctus. Elle est à l'hôpital, en réanimation.

— Grave ?

— Sérieux.

Un flot d'images surgit de ma mémoire, qui va de mon enfance à la femme que je suis aujourd'hui. Je reçois ces images comme des coups de poing. Mon père est toujours au bout du fil, il me donne les renseignements nécessaires avant que je ne dise : j'arrive.

En allant prendre congé de Caroline Houdert, je m'aperçois que la salle du service de presse est envahie par presque tous les collaborateurs de la maison. Le coup de fil de mon père a fait l'effet d'une bombe. Mais la bombe est pour moi, qui se traduit par une angoisse irrépressible et un chagrin tout nu. Ma mère va peut-être mourir. Je m'engouffre dans ma voiture qui va m'amener à l'hôpital où elle a été transportée.

Mon père a pris dix ans d'un coup. Il pleure. Je pleure. Puis j'entre furtivement dans le service de réanimation. Ma mère est consciente, ses larges yeux bruns me disent mille choses tendres qu'ils avaient oubliées. Qu'ils me supplient de comprendre. Je pose une main sur sa main déformée par les rhumatismes, j'embrasse cette main qui fut protectrice et qui aujourd'hui a besoin d'aide. Je me reproche d'avoir si mal aimé cette femme, d'avoir été une adolescente égoïste et bêcheuse, trop timide pour être naturelle, trop ambitieuse pour ne pas le montrer. Trop fragile enfin pour pouvoir supporter sans heurts le caractère entier d'une mère et ses maladresses.

Tout cela est exprimé par ma main posée sur la sienne, chaude, inerte. Je ne veux pas perdre ma mère. Qu'elle vive et je saurai l'aimer, la protéger, accepter ses faiblesses et ses sautes d'humeur. Mais qu'elle vive, mon Dieu, qu'elle reste parmi nous !

Mon père m'entraîne dans le couloir :

— Il ne faut pas la fatiguer.

— Que disent les médecins ?

Il hausse ses épaules massives :

— Il faut attendre. Elle a été sonnée, mais nous n'avons pas perdu de temps. Où en es-tu toi ?

— C'est plus compliqué que je ne le craignais. Je cherche un mobile.

— Pour ta mise en examen ?

— Ou pour quelqu'un d'autre. Quand pourrai-je revoir maman ?

— Je t'appellerai dès que les médecins reviendront.

— Je serai au Palais puis chez moi.

En sortant de l'hôpital, je sens une pluie fine rouler sur mes joues : des larmes. Si je perds ma mère, je ne serai plus jamais la même, je n'aurai plus de toit. Je serai un juge d'instruction plus fragile, plus démuni. Peut-être plus humain.

Ma visite aux Editions Raymond Houdert a été trop brève pour que j'en tire profit. Plus j'avance dans ce dossier, plus il me semble confus. Comme j'avais prévu des interrogatoires dans les locaux de la maison d'édition, j'avais reporté la comparution de mise en examen dans des affaires de drogue et de hold-up. Mais un bon point pour Paul, qui aurait pu rentrer chez lui : il m'attend au Palais. Quand j'entre dans mon bureau, il raccroche le combiné du téléphone avec un petit sourire d'excuse :

— Ma fiancée était au bout du fil.

Elle n'est pas au bout de ses peines, la malheureuse. Paul est devenu si conquérant !

— Que s'est-il passé après mon départ ?

— La panique. Ils n'avaient pas compris qu'il s'agissait d'une affaire privée. Ils ont cru qu'il y allait avoir une descente de police. C'est amusant une maison d'édition...

— Surtout quand un meurtre y est commis. Paul, vous n'êtes vraiment pas sérieux.

— J'ai tout de même remarqué une chose après votre départ : le directeur commercial demandait aux attachées de presse et au grand type qui s'occupe de la publicité s'ils n'avaient pas pris l'un des manuscrits qui se trouvaient dans le bureau du directeur littéraire assassiné.

— Que pensez-vous de la jeune Corinne Auberton ?

— Pas mal. Mais aucune comparaison avec la mise en examen. Cette Françoise Moret, quelle beauté !

— Je vous rappelle que vous êtes fiancé, Paul.

— Je ne l'oublie pas, grands dieux ! Mais vous me permettrez, madame le Juge, d'avoir une opinion objective : cette femme est admirable et l'on ne comprend pas pourquoi elle aurait pu être jalouse de la petite Auberton.

— Qui a douze ans de moins.

— Certes. Mais Françoise Moret est riche, célèbre, elle est aimée d'un journaliste... Pourquoi aurait-elle tué ce directeur littéraire affublé d'une femme et de deux enfants, et qui n'avait rien d'extraordinaire ?

— L'amour est irrationnel, Paul. Ce qui se passe entre un homme et une femme est l'énigme la plus perverse de l'histoire de l'humanité.

— Etes-vous en train de me faire une confidence, madame le Juge ?

— Pas d'insolence, Paul, et laissez-moi revoir attentivement le dossier Moret.

— Puis-je tout de même vous donner mon sentiment sur la culpabilité de Françoise Moret ?

Je soupire :

— Allez, parlez !

— Françoise Moret n'est pas coupable.

— Vous l'avez déjà dit.

— Attendez ! Parce qu'elle est très belle, on a tendance à l'accabler et pas seulement les nanas. Les hommes aussi, qui rêvent de séduire une femme comme elle et qui savent qu'ils ne le pourront jamais. Sa beauté est son plus grave handicap.

— Amusant.

— Mais non ! Avez-vous pensé à toutes ces petites bonnes femmes qui travaillent dans cette maison d'édition et qui doivent l'envier ? Vous n'avez pas eu le temps de les voir toutes mais il y en a beaucoup ; j'ai même été étonné d'en voir autant. Imaginez qu'une de ces filles veuille se débarrasser de Françoise Moret. Elle ne la tue pas, non, elle fait pis : elle tue son amant en s'arrangeant pour que la belle romancière soit accusée.

— Vous allez trop au cinéma, Paul. J'ai déjà vu ce scénario-là dans un film.

— Pas moi. Mais si vous réfléchissez à mon hypothèse, vous me remercierez.

Je viens à peine de me plonger dans le dossier Moret que mon père m'appelle.

— Les médecins disent que le plus dur est derrière elle. Ta mère s'en sortira.

— Tu restes là-bas ?

— Non. Les calmants vont la faire dormir. J'y retournerai demain.

Sa voix est infiniment triste ; elle me bouleverse.

— Que vas-tu faire à présent ?

— Eh bien, je pensais que... J'aimerais te voir... à condition que tu puisses, naturellement.

— Tu es ma priorité, papa.

— Je t'emmène dîner au restaurant. Tu rentreras tôt, rassure-toi.

— J'emporte mon dossier. Je travaillerai chez moi, j'ai l'habitude.

— Bien sûr, bien sûr.

Je le sens rasséréné et j'ajoute avant de raccrocher :

— Choisis un restaurant qui accepte les chiens. La pauvre Caresse n'a pas été gâtée aujourd'hui.

C'est un restaurant discret, et comme il est tôt nous sommes les premiers clients avec un autre couple. Caresse s'est assise sous la table et sur mes pieds. Le patron lui a offert de l'eau, qu'elle a dédaignée, mais elle s'est jetée sur une assiette contenant de la viande et des légumes.

Mon père me propose des huîtres et un poisson ; lui-même ne prendra que le poisson. Pourtant, j'ai la conviction qu'il n'a pas déjeuné.

— Ta mère, commence-t-il, et il ne peut aller plus loin : le bord épais de sa paupière fait sauter une larme sur sa joue.

— Je sais, papa.

— Non, tu ne sais pas. J'ai failli la quitter à deux reprises. La première fois, je suis resté à cause de toi : tu étais encore une adolescente et tu avais besoin de moi. La deuxième fois... eh bien, ça n'est pas si loin, un an à peine.

— Une femme ?

— Bien sûr. Jeune. Vingt-neuf ans, et moi beaucoup plus. Le démon de midi. J'étais fou. J'étais prêt à tout pour garder cette femme.

— Et maman ?

— Elle a souffert et je m'en veux aujourd'hui. Elle me regardait devenir fou et elle ne disait rien. Elle avait trop peur de me perdre. Si elle avait protesté, menacé, je pense que je serais parti. Mais devant cette souffrance silencieuse, je n'ai pas pu. N'empêche que le mal était fait et je me dis que son infarctus...

— Non ! Je t'en prie, non, ne dramatise pas. L'infarctus guettait maman depuis longtemps : elle est plus vieille que toi, elle mange trop, elle ne bouge pas assez, elle a des artères coronaires en mauvais état, elle me l'a dit.

Je mens et je suis prête à mentir encore pour voir s'effacer de ses yeux cette immense détresse.

— Parle-moi du dossier Moret, dit-il. Ça fait du bruit cette affaire-là. Et je suis fier qu'on t'ait choisie pour l'instruire.

— Je ne sais pas encore ce qu'il faut en penser. Je n'ai vu qu'une fois la mise en examen. Il s'agirait d'un crime passionnel, son amant voulait la quitter... Mais je suis sceptique.

— Pourquoi ?

En pensant à la réflexion de Paul sur les trop belles femmes qui suscitent la haine des autres femmes et même des hommes, je souris.

— Parce qu'en tuant son amant elle aurait tout perdu, et dans son cas cette perte est considérable.

— Méfie-toi de l'enquête des flics. J'en sais assez pour te dire que, moi non plus, je ne crois pas à sa culpabilité.

— Elle est tout de même la dernière personne qu'on ait vue entrer dans le bureau de Simon Liénard. Et trois témoins affirment que le directeur littéraire était las de cette liaison et voulait rompre. Enfin, et c'est capital, la standardiste a vu partir Françoise Moret entre dix-huit heures quarante-cinq et dix-neuf heures, un quart d'heure avant la découverte du corps de Simon Liénard par la femme de ménage.

— Les témoignages... Tu sais ce que je pense des témoignages. C'est souvent n'importe quoi.

— C'est la raison pour laquelle je voulais voir les lieux du crime et interroger les témoins dans leur cadre. J'y retournerai mais, auparavant, je vais les convoquer. Je ne peux pas passer mon temps dans une maison d'édition.

— Sais-tu que j'ai écrit un roman quand j'étais jeune et que je ne doutais de rien ?

— Qu'en as-tu fait ?

— Je l'ai envoyé à six maisons d'édition, qui l'ont toutes refusé. J'ai longtemps gardé les réponses des directeurs littéraires. L'un d'eux disait : « Vous avez vingt ans (je m'étais vieilli d'un an, pauvre imbécile) et si je publiais aujourd'hui votre texte, vous m'en voudriez vingt ans plus tard de l'avoir fait, même si les erreurs de jeunesse sont parfois attendrissantes. » Ça m'a douché définitivement.

Il rit et c'est le meilleur moment de ma journée.

5

BRUNO BERNARDET

BIEN sûr elle est très belle, mais s'il fallait se limiter à cela on glisserait sur ce visage parfait et on l'oublierait presque. On s'habitue fort bien à la beauté, au point qu'on ne la voit plus.

Quand j'ai rencontré la première fois Françoise Moret, dans le parloir de la prison, j'ai eu le même réflexe que les autres hommes : sacrée bonne femme ! Puis elle a répondu à mes questions et au bout d'un moment elle a souri, ses lèvres minces se sont ouvertes longuement et j'ai aperçu ses dents : deux molaires qui se chevauchent, des dents d'enfant qui n'a pas supporté l'appareil pour les redresser. Des dents charmantes mais mal fichues qui m'ont fait oublier les yeux admirables et livré un secret : Françoise Moret ne pose pas.

Elle ne parle que pour dire le strict nécessaire, l'important. Et l'important pour elle, ç'a été immédiatement :

— Je n'ai pas tué Simon Liénard.

— Nous allons essayer de le prouver.

Alors son regard est vraiment tombé sur moi, lourd, envahissant. Sans qu'elle prenne la peine de le dire, j'ai compris qu'elle me trouvait trop jeune et sans doute inexpérimenté. Aussi ai-je dit très vite :

— J'ai trente et un ans, et vous n'êtes pas ma première affaire importante. Maître Désaleux me fait toute confiance, elle a dû vous le dire.

Elle a balayé l'air devant son visage comme pour chasser une mouche importune :

— Que comptez-vous faire ?

Je n'avais rencontré Florence Larrieu, le juge d'instruction, que brièvement, et je comptais demander la liberté pour ma cliente. A qui je le dis.

— Méfiez-vous de cette petite bonne femme, répliqua-t-elle, cette Larrieu. Elle est beaucoup plus coriace qu'il n'y paraît.

Puis elle posa son regard ailleurs ; sur les murs verts du parloir, sur la table où j'avais posé ma serviette ; sur les cigarettes et la boîte de chocolats que je lui avais apportées. Elle les fit glisser vers elle et ne me remercia pas.

Pendant une partie de la nuit, j'avais lu et relu le dossier que maître Désaleux m'avait confié. Ce n'étaient pas les interrogatoires des inspecteurs de la P.J. qui m'inquiétaient : classiques, orientés et lourds. Je pourrais en venir à bout. Les témoignages des collaborateurs de Simon Liénard affirmant que ce dernier voulait rompre sa liaison avec Françoise Moret ne me gênaient pas non plus. Mais celui de la standardiste Myriam Vitran était redoutable.

— La connaissez-vous bien cette Myriam Vitran ?

— Comme on connaît le visage et la voix d'une standardiste que l'on aperçoit et entend depuis quelques années. Non, je ne la connais pas personnellement. Je serais incapable de dire comment est son corps, si elle est grande ou petite.

— Son témoignage est capital.

— Pas plus que les autres. Je suis persuadée qu'elle n'a pas regardé l'heure.

— Quand vous êtes sortie du bureau de Simon Liénard, vous n'avez croisé personne ? C'est étonnant.

— Non.

— Pourquoi êtes-vous allée voir Liénard ce jour-là ?

— Il me semble que je l'ai déjà dit : il me harcelait, il me menaçait.

— De quoi pouvait-il vous menacer ?
— De se tuer. De me tuer.
Sa voix grave et voilée avait buté sur les mots.
— Et vous avez eu une explication ?
— C'est cela.
— Que lui avez-vous dit ?
Ses paupières lourdes s'abattirent sur ses yeux tandis qu'elle examinait ses mains.
— Le genre de choses que l'on dit à un homme qu'on n'aime plus et qui a été évincé par un autre. Tout cela est banal.
Elle mit une cigarette entre ses lèvres sèches, et la flamme de mon briquet éclaira ses yeux entre deux haies de cils : une eau limpide et calme.
— Pourriez-vous être plus précise ?
— Non.
— Il faut m'aider.
— C'était presque un monologue. Je parlais peu. Je lui avais dit une fois pour toutes que notre liaison était terminée. Et il argumentait.
— Quel genre d'arguments ?
— Rien de valable. Il me secouait, de plus en plus fort, comme s'il secouait ces derniers mois pendant lesquels il n'avait rien obtenu de moi.
— Quels étaient ces propos ?
Elle eut un soupir las.
— Ceux d'un homme qui s'accroche. Des bêtises indignes d'une personne intelligente.
— Il était désespéré, c'est cela ?
— Nous sommes tous plus ou moins désespérés. Son désespoir ne m'intéressait pas.
— Mais le vôtre m'intéresse.
Je me suis levé, elle aussi. Elle est aussi grande que moi. Elle m'a dit : « Je n'en peux plus, faites quelque chose. » J'ai répondu que j'allais m'employer à la faire libérer. Après, nous aurions le temps de préparer sa défense pour

un non-lieu. On l'a ramenée dans sa cellule, et en partant j'ai retardé le moment de m'avouer ce que je ressentais et qui ne m'était arrivé qu'une fois, à dix-huit ans, quand j'avais été amoureux d'une amie de ma sœur aînée, qui était mariée, que j'amusais et qui me rendait fou. C'était le même vertige, la même impression d'être pris dans un ouragan et roulé sans pouvoir éviter la chute. L'affaire avait duré plusieurs mois sans que j'obtienne autre chose qu'un baiser furtif et une caresse dans les cheveux.

Aujourd'hui, c'était pis. Je partais avec de tels handicaps qu'il me serait difficile de ne pas *in fine* être perdant. Et pourtant je savais que rien ne pourrait m'arrêter. Dans cette course passionnelle, un premier objectif : prouver l'innocence de ma cliente. Il le fallait à tout prix, même si je conservais un doute.

En rentrant chez moi, tard car j'avais dû passer auparavant à mon bureau, je craignis soudain que Caroline ne devine mon trouble. Mais elle était elle-même si préoccupée par l'affaire, par les conséquences qui en résulteraient pour sa maison d'édition que sa subtilité habituelle lui fit défaut.

Je n'ai jamais été amoureux de Caroline. Elle m'a séduit pour de multiples raisons qui n'ont que peu de rapport avec la passion : son intelligence, sa frénésie au lit où elle me fait faire tout ce qui ne se fait pas, tout ce que généralement on n'ose pas faire et que pourtant l'on désire ; son ambition ; puis, je dois l'avouer, sa fortune. Nous nous entendons bien, sans heurt, sans mesquinerie. Le seul point noir est son père qui aurait préféré qu'elle épouse un homme faisant partie du sérail. Mais il a l'élégance de ne pas me montrer son hostilité.

— Tu as vu Françoise ?

Je fis signe que oui en me laissant tomber sur le canapé. Je transpirais, ce dont j'ai horreur.

— Alors ?

— Elle n'est pas très coopérative. Mais je crois qu'elle n'a pas tué Liénard.

— L'essentiel, c'est de le prouver.

— Que peux-tu me dire de la standardiste ?

— Je l'ai engagée il y a sept ans, au moment même où Françoise publiait son premier roman... C'est drôle, je n'avais jamais fait ce rapprochement. Coïncidence sans doute.

— D'où venait-elle ?

— Franchement, je ne m'en souviens plus. Elle avait sûrement de bonnes références. Je l'ai engagée immédiatement, l'ancienne standardiste ayant l'âge de la retraite.

— Le petit juge Florence Larrieu va la mettre sur le gril, et si Myriam Vitran s'obstine dans son témoignage je n'aurai aucun argument pour le réfuter. Est-ce qu'elle a un petit ami ?

— Probablement. Mais comment pourrais-je en être sûre ? C'est le personnel du rez-de-chaussée, les emballeurs qui sont ses confidents ; peut-être aussi les assistantes du service de presse. Je ne peux pas me permettre de les interroger.

— Pas toi, mais Guillaume. Il le fera si tu le lui demandes. Il est encore très épris de Françoise Moret. Il peut m'aider.

— Guillaume est lâche et il a beau aimer Françoise, il ne peut s'empêcher de lui en vouloir de l'avoir quitté pour Simon. A propos, Nicole Liénard, la femme de Simon, m'a téléphoné.

— Comment réagit-elle ?

— Elle est encore hébétée. Elle voudrait me voir. Je l'ai invitée à dîner demain soir.

— Tu es folle ! Elle sait sans doute que je défends Françoise Moret, l'ex-maîtresse de son mari. Comme gaffe, on ne peut pas faire mieux.

J'étais hors de moi sans vouloir m'avouer que, déjà, je redoutais le jugement des familiers, leur perspicacité, cette petite phrase qu'ils pourraient prononcer hors de ma présence : Bruno Bernardet est amoureux de sa cliente.

— Je ne vois pas pourquoi j'aurais gaffé. Nicole était depuis longtemps résignée aux frasques de son mari. Elle n'en veut pas à Françoise, elle me l'a dit, et plus que toi, plus que moi elle croit à son innocence. Elle a sans doute de bonnes raisons pour cela. Elle t'aidera mieux que pourrait le faire Guillaume, que j'ai d'ailleurs également invité. Je t'en prie, ne sois pas stupide. Tu as une cause à défendre ; fais-le avec cynisme.

C'était ma propre femme qui me demandait d'être cynique. Une situation quasi vaudevillesque. Mais je ne me faisais aucune illusion : le jour où Caroline comprendrait que j'étais fasciné par Françoise Moret, que je perdais pied, que j'entrais aveuglément dans la folie passionnelle, elle serait sans pitié. J'avais eu quelques aventures sans importance depuis notre mariage ; le sachant, Caroline avait eu l'intelligence de mettre cela sur le compte de mon besoin (un peu sot, disait-elle) de plaire. Mais cette *love affair* qui, pour l'instant, ne pouvait être que platonique, lui paraîtrait autrement dangereuse. Déjà, dès qu'elle prononçait le nom de Françoise Moret, je me sentais mal à l'aise. Regard fuyant, je m'empressais de passer à un autre sujet.

— Comment vas-tu pouvoir aider Nicole Liénard ? Elle a deux fils, je crois ?

— C'est le problème qui m'occupe en ce moment. Je lui verserai une somme globale correspondant aux indemnités que Simon aurait touchées s'il nous avait quittés de son plein gré. Puis je l'emploierai peut-être à mi-temps. Avant d'épouser Simon, elle était secrétaire de direction. Je la caserai dans un service. Je ne peux pas, décemment, faire autrement. Mais c'est une lourde charge pour la maison. J'en ai discuté avec papa cet après-midi. Il va lui aussi dans ce sens-là. Un verre ?

— Volontiers.

Tandis qu'elle préparait nos whiskies-sodas, elle ajouta :

— Papa ne comprend pas que tu aies accepté de défendre Françoise.

— Je n'avais rien sollicité.

— Je sais. Mais tu aurais pu refuser.

— Non. Maître Désaleux n'aurait pas compris que je refuse. Et il est plus important pour moi d'obéir à maître Désaleux qu'à ton père.

6

Contrairement à son habitude, Guillaume Rochant arriva en avance chez Bruno Bernardet et Caroline Houdert (elle avait gardé son nom de jeune fille afin que les éditions créées par son père continuent à s'appeler Houdert).

— Tu es le premier, dit Caroline qui portait une robe noire toute simple et une broche en diamants pour retenir le décolleté, qui l'était beaucoup moins.

— Elle te va bien, dit Rochant, mais on va croire que tu portes le deuil de Simon. A propos, il est préférable de ne pas parler du drame devant Nicole.

— Il me semble qu'elle réagit bien. Elle ne voulait pas lâcher son mari, mais ce n'était pas une question d'amour, sois tranquille. Mon père a été très généreux et Nicole est rassurée pour l'avenir.

— Que dit Bruno à propos de Françoise ?

— Il ne le dit pas mais il est subjugué.

— Il ne la connaissait pas ?

— Non. Elle a toujours refusé nos invitations à dîner, et tu sais comme moi qu'elle ne venait pas non plus aux cocktails de la maison où elle aurait pu le rencontrer.

— Espère-t-il obtenir sa liberté ?

— Cette Florence Larrieu est coriace. Bruno se bat.

— Et il gagnera, je lui fais confiance.

Maître Bernardet venait d'entrer dans la pièce à grands pas arrogants :

— Tu me flattes. Tu savais que j'étais derrière la porte, non ?

— Ne sois pas modeste. Maître Désaleux ne jure que par toi.

— Maître Désaleux aime la jeunesse, dit Caroline.

— Que penses-tu de Françoise Moret ? demanda Rochant à Bernardet.

— Qu'elle est peut-être coupable. Mais son mobile m'échappe.

— Parce qu'elle n'en a pas. Bon. Oublions Françoise, voici la veuve de Simon.

Caroline était allée ouvrir, sa bonne portugaise s'affairant dans la cuisine pour préparer des plats « typiquement français, s'il vous plaît, Josepha ».

Nicole entra dans un tailleur bleu marine, amaigrie, presque jolie, s'excusant d'arriver tard :

— J'ai dû faire dîner mes fils et les boucler au verrou. Je me méfie de Sébastien qui voit trop de films américains et qui sait ouvrir les portes fermées à clé avec une carte plastifiée. Mon fils aîné court les rues et courtise les filles.

Elle disait cela avec une certaine fierté qui agaça Rochant.

— C'est peut-être mieux que s'il courtisait les garçons, dit-il sans sourire. A cause du sida, naturellement.

— Eh bien, c'est parti, fit Bruno Bernardet. Guillaume va nous faire son numéro d'homme blasé.

— N'y compte pas, dit Rochant.

Caroline proposait whisky, champagne et porto.

— Un jus de fruits pour moi, dit Nicole Liénard. Je suis sous tranquillisants et l'alcool m'est interdit. Depuis la mort de Simon...

— Votre médecin a raison, trancha Caroline. Une petite cure de tranquillisants, ça aide. Comptez-vous partir un peu ?

— Pas pour l'instant. Il faut que je m'occupe de

différentes affaires que Simon n'avait pas réglées. Il était très négligent depuis un certain temps.

Ils avaient beau, l'un après l'autre, faire des efforts pour qu'elle oublie Simon, elle y revenait toujours. Si bien qu'elle s'en aperçut au cours du dîner (réussi, bravo Josepha).

— Ne croyez pas, dit-elle, qu'en parlant de Simon je vais m'effondrer. Bien au contraire, je préfère liquider également cette affaire-là.

Eh bien, elle n'est pas aussi sotte qu'on le pensait, se dit Rochant. Tant mieux pour nous et surtout pour elle. Les veuves me surprendront toujours.

— Ne croyez pas non plus, reprit-elle, que je déteste Françoise Moret. C'est une victime comme moi, plus que moi. Simon l'a harcelée quand elle lui a dit qu'elle voulait le quitter...

— Comment le savez-vous ? demanda Caroline.

— Me prenez-vous pour une gourde ? Simon était ridicule et c'était si agaçant que je me suis mise à tenir un journal.

— Vous !

L'exclamation venait de la belle voix grave de Rochant.

— Moi, oui. Décidément, vous ne me connaissez pas. J'ai cessé d'aimer Simon quand il a commencé à me tromper. Si bêtement ! Je l'ai détesté quand il est devenu fou de Françoise Moret. Non seulement il était grotesque, mais il me rendait ridicule. Il racontait à qui voulait l'entendre que je menaçais de me tuer s'il me quittait. Pauvre type ! En réalité, il n'avait pas le courage d'abandonner sa famille ni son confort. Françoise Moret, c'était l'aventure, le risque d'être trompé, de ne plus pouvoir maîtriser une situation classique mais non pas sans danger... Vous me regardez tous comme si je vous étonnais. L'étonnant chez vous, les littéraires, du moins Caroline et Guillaume Rochant, c'est que vous n'ayez pas encore compris qu'après quinze ans de mariage, une femme n'a pas peur de se libérer d'un époux qui n'est présent que contraint et forcé. Que m'apportait Simon ces derniers temps ? Son regard absent, ses insomnies qui m'empêchaient de dormir, ses larmes. Oui, je l'ai vu pleurer parce que Françoise Moret voulait le quitter. Il fanfaronnait devant vous, me réservant ses abandons, ses angoisses, en un mot sa connerie. Il avait cessé d'être un père, et Sébastien, notre fils aîné, le méprisait. Comme moi les derniers temps. Sébastien est devenu insupportable parce que Simon n'assumait plus son rôle de chef de famille. Tout retombait sur moi : l'éducation des enfants, les factures, la cuisine, les réparations de la voiture et même la déclaration d'impôts. Simon travaillait tard le soir parce qu'il cherchait en vain à compenser le temps perdu à supplier Françoise Moret de ne pas l'abandonner.

— En somme, vous auriez pu le tuer, dit Bruno Bernardet.

— Non. Il ne méritait même pas ma haine. Celui ou celle qui l'a fait ne méprisait pas Simon.

— Vous allez pouvoir m'aider à prouver que Françoise Moret n'avait aucun mobile pour tuer Simon Liénard.

— Méfie-toi, intervint Rochant. D'autres mobiles sont plus puissants que la passion amoureuse pour laquelle les jurés ont généralement beaucoup d'indulgence.

— Par exemple ?

— C'est toi qui es l'avocat, mon vieux. Je parle peut-être en profane.

— Je voudrais, dit Nicole Liénard à Bruno Bernardet, que vous transmettiez à Françoise Moret ma sympathie. Elle n'est pas coupable.

— Eh bien, nous sommes alors tous suspects, constata Caroline. Heureusement, Guillaume et moi avons un solide alibi.

— Pas moi, avança Nicole Liénard. J'aurais pu entrer dans le bureau de mon mari vers dix-neuf heures et le poignarder.

— A quoi jouez-vous ? dit Bruno Bernardet, il y a un

instant vous disiez le contraire. Soyons sérieux. J'espère obtenir la liberté de Françoise Moret. Après, ce sera plus facile. Je travaillerai avec elle pour prouver son innocence.

Ce qui ne sera pas innocent, se dit *in petto* Caroline. Je connais mon Bruno : il est déjà envoûté.

Comme ils passaient au salon pour le café, elle retint un instant Nicole Liénard :

— Si vous avez un problème, n'hésitez pas à faire appel à moi. Simon était non seulement un collaborateur mais un ami.

— Je sais. Il va falloir que je trie ses papiers. Il y en a une masse. Saviez-vous qu'il écrivait, lui aussi ?

— Un roman ?

— Non, un journal.

— Je suppose que vous l'avez lu.

— J'ai bien trop peur d'y trouver quelque secret d'alcôve. Pauvre Simon, il n'a jamais su affronter ses propres désirs ; il fallait qu'il les confie à un journal intime. C'était un vieil adolescent mythomane, mais il ne méritait pas cette fin tragique.

— J'aimerais savoir s'il parle de nous ; je veux dire : ses collaborateurs et moi-même.

— Je suppose que oui. Il faudra que j'y jette un regard. Il ne voulait pas le publier, vous savez.

Et Caroline comprit aussitôt que Nicole Liénard l'avait lu.

— Allons rejoindre les autres, dit-elle.

7

INUTILE de demander au petit personnel des Editions Raymond Houdert, et même aux cadres supérieurs, de reprendre une activité normale. Depuis la découverte du cadavre de Simon Liénard dans son bureau, la maison d'édition ressemblait à une volière. Où en étaient les chiffres des ventes, les listes de best-sellers, les prières d'insérer, les couvertures, les articles de presse ? Autant demander à des élèves de troisième de plancher sur une dissertation à la veille des vacances. Les sonneries des téléphones résonnaient sans interruption du rez-de-chaussée au deuxième étage. Les correspondants n'étaient pas seulement des critiques littéraires mais aussi des chroniqueurs judiciaires, des auteurs, des amis, des curieux.

Un seul collaborateur était resté enfermé dans son bureau, refusant de commenter le meurtre avec ses collègues : Guillaume Rochant, qui dirigeait la collection « essais et documents ». Ce n'était pas exactement pour travailler qu'il se coupait de la volière mais pour réfléchir.

A trente-huit ans, Guillaume Rochant estimait lucidement que sa carrière d'écrivain n'était pas aussi brillante que son premier roman, publié douze ans plus tôt, l'avait fait espérer. Après trois autres tentatives dans la fiction et une biographie, il était entré dans le grand troupeau des auteurs estimables qu'un éditeur publie avec un soupir, sachant à l'avance que le livre ne suscitera pas l'enthousiasme de la critique ni (ce qui lui paraît infiniment plus regrettable) des ventes intéressantes. Pour gagner sa vie, Guillaume Rochant avait quitté l'enseignement pour le journalisme puis il était devenu directeur de collection aux Editions Raymond Houdert.

Il écrivait également des synopsis de scénario pour un producteur de télévision. C'est chez ce producteur qu'il avait rencontré Françoise Moret qui elle-même avait réussi à placer quelques scripts sans pour autant être satisfaite. Elle préparait un roman dont elle parla à Rochant dans le bar où ils étaient allés prendre un verre. Ce fut le début.

Rochant n'avait jamais été marié, il n'avait eu que des aventures sans lendemain ; son indifférence pour les femmes, son manque de constance inquiétaient son père et son jeune frère. Mais quand, au bout de dix minutes d'entretien, il comprit qu'il devenait subjugué et confus, il se sentit perdu. Tandis que Moret lui parlait, son érection n'avait jamais été aussi douloureuse, il n'avait jamais désiré une femme avec une telle intensité.

La journée qui suivit leur première nuit ensemble, il transpira de façon incessante, le pouls trop rapide, la bouche sèche. Cette passion pour Françoise Moret n'était pas gaie, elle ressemblait même à une sorte de calvaire, qui ne s'interrompait que lorsqu'il la tenait nue dans ses bras. Mais dès qu'il reprenait contact avec la vie quotidienne, il ne se passait pas une heure sans qu'au milieu d'un comité de lecture ou d'un entretien privé avec un auteur, il ne fût hanté par la présence presque palpable de Françoise : des images de son corps nu ou de son visage dans le plaisir. Il vivait véritablement un fantasme, sortant de sa propre enveloppe pour courir vers le néant.

Une passion dévastatrice, chaque instant devenant souffrance, qu'il entretenait avec une conscience dérisoire, se perdant avec un noir bonheur. Il avait rencontré quelque chose d'ancien, d'inconnu, un domaine interdit, et il s'y vautrait. Il était une sorte de fantôme aveugle gémissant d'amour. L'idée même de Françoise devenait plus forte que son image ; elle l'occupait de façon incessante et obsédante. Il l'approchait comme on approche un dieu.

Elle ? Quand Françoise avait rencontré Guillaume Rochant, elle était libre de toute attache. Elle s'était dit pourquoi pas, en partie parce qu'elle aimait faire l'amour avec des hommes grands et athlétiques, en partie parce que Rochant avait des amis dévoués parmi les critiques littéraires qu'il avait connus à l'époque où il était journaliste et qu'il continuait à fréquenter depuis qu'il dirigeait une collection chez Raymond Houdert. Une aventure brève, sans aucune passion de la part de Françoise Moret, tenace et douloureuse de la part de Rochant qui avait été le témoin malheureux du début de la liaison entre Moret et Simon Liénard.

Depuis cette dernière époque, les relations entre le directeur littéraire et le directeur de collection s'étaient quelque peu dégradées. Aucun conflit ouvert, non, mais quelques coups bas de part et d'autre, Rochant se révélant néanmoins plus élégant dans les formes que Liénard. Quant à Françoise Moret, elle se comportait comme si son aventure avec Rochant avait été absolument gommée de sa mémoire. Elle n'avait d'ailleurs aucune raison professionnelle de rester en contact avec lui puisqu'il ne s'occupait que de documents et d'essais. Mais le bureau de Rochant étant au même étage que celui de Liénard, il leur arrivait de se croiser et même de bavarder un moment. Aucun souvenir personnel n'était évoqué.

Cependant, Rochant avait suivi la courbe descendante de l'attirance de Françoise pour Liénard. Seul un homme qui aime encore une femme qui, elle, ne l'aime plus mais en aime un autre peut être sensible à cette dégradation. Le jour où Rochant apprit (en même temps que toute la maison d'édition) que Simon Liénard « sortait » avec

Corinne Auberton, la jeune attachée de presse affectée aux médias de province, il jubila mais ne comprit pas très bien quel était le rôle de Françoise Moret dans cette affaire. Aussi dès qu'il rencontra cette dernière dans le bureau du directeur commercial lui proposa-t-il :

— Allons prendre un verre si tu n'as pas d'autre rendez-vous.

— J'en ai un avec Simon mais il attendra.

Devant deux espressos, dans un café de Saint-Germain-des-Prés, ils échangèrent d'abord des souvenirs personnels, ce qui étonna Rochant. Après leur rupture, il avait fait une tentative de suicide discrète. Seule Françoise et le frère de Guillaume, un jeune médecin, en avaient été les témoins. Depuis, ils n'en avaient plus jamais parlé. Ce jour-là, Moret n'y fit qu'une furtive allusion, préférant échanger avec Guillaume les ragots habituels sur le monde de l'édition et de la presse. Il y avait notamment une nouvelle qui excitait Rochant mais semblait laisser Françoise on ne peut plus sereine :

— Simon s'affiche avec cette petite Auberton, dit-elle, et il frise le ridicule. C'est tout juste s'il n'a pas envoyé de faire-part aux médias pour se vanter de sa bonne fortune.

— Est-ce une bonne fortune ?

— Tu le sais mieux que moi puisque tu vis huit heures par jour chez Houdert.

— Corinne est l'insignifiance même, dit rêveusement Rochant. Qu'a-t-il pu lui trouver ? Elle, on comprend pourquoi.

— Je la trouve charmante et plus intelligente qu'on ne le suppose.

— Tu défends ta rivale ?

— Pour qu'elle soit ma rivale, il faudrait que j'aime encore Simon. Ce n'est pas le cas.

— Alors, tu es libre ?

— Non.

— Un homme ?

— Qui veux-tu que ce soit ? Un journaliste. Et ne m'en demande pas plus.

— Liénard le sait ?

— Bien évidemment. Première réaction : drame et larmes. Deuxième réaction : menaces. Troisième réaction : Corinne Auberton. C'est cette réaction-là que je préfère.

— Donc tu ne souffres pas ?

— Ai-je l'air de souffrir ?

Elle n'a jamais été aussi séduisante, se disait Rochant devant le verre d'armagnac qui avait succédé à l'espresso. Car lui souffrait.

— Tu bois trop, Guillaume.

— Alcoolisme mondain, le mal de l'édition.

— Je ne bois pas.

— Tu es tellement raisonnable, Françoise. Pour tout. Je te souhaitais un peu folle.

— De toi sans doute ?

— L'as-tu été de Simon ?

— On ne peut pas être folle de Simon : sa vanité vous paralyse. Il se croit irrésistible, on n'a donc pas le droit de vouloir le quitter. Quand on essaie, il ne comprend pas. Cet homme, si fin quand il s'agit d'un texte, perd toute subtilité dès qu'il a affaire à un être, homme ou femme, auquel il attache une certaine importance. Il faut qu'il soit le plus fort ou, si tu préfères, qu'il mène le jeu. Il ne supporte pas d'être surpris et mis en état de faiblesse. Il se veut souverain.

Aujourd'hui, enfermé dans son bureau (il avait tiré le verrou afin qu'on ne le dérange pas) Rochant se rappelait cette conversation avec Françoise Moret et il se demandait s'il avait eu raison de mentir par omission aux policiers qui l'avaient interrogé. Il est vrai qu'à ce moment-là, il ne savait pas encore que Pierre Cressonnière et cette idiote d'Ariane Stocker allaient dire aux flics que Simon Liénard leur avait fait cette confidence : il quittait Françoise Moret et elle vivait très mal cette rupture. Cressonnière et Ariane étaient sûrement sincères et devaient croire en toute bonne foi ce que leur avait dit Liénard qui ne voulait pas perdre la face.

Et lui-même, Rochant, qu'avait-il dit aux flics ? Rien d'intéressant. Son étonnement tout de même. J'ai parlé comme une concierge, se reprochait-il, brandissant ce genre de clichés : Simon Liénard n'avait pas d'ennemis, il était estimé de tous dans cette maison, y compris des auteurs. Françoise Moret ? Une excellente romancière. Il y avait bien quelques conflits entre elle et Simon, mais ça n'allait jamais très loin. Liénard voulait-il rompre leur liaison ? Il ne m'avait pas fait de confidences, etc. Prudent et lâche.

Caroline Houdert venait de frapper à sa porte et il ne put refuser de lui ouvrir.

— Tu es souffrant ?

— Non, je réfléchis à ma déposition à la P.J. J'ai été lamentable.

— N'exagère pas. Mais pourquoi n'as-tu pas signalé au juge d'instruction, la charmante Florence Larrieu, ta dernière conversation avec Françoise ?

— Parce que je n'ai pas envie d'être mêlé à l'affaire, ne fût-ce qu'indirectement. Si Françoise a tué Simon et si je cherche à la défendre, on saura très vite que j'ai été son amant et que j'ai souffert de la rupture.

— Toi, tu as souffert, vraiment ?

Caroline souriait. Devant un homme, c'est ce qu'elle faisait de mieux : une denture puissante et impeccable. Mais elle ne cherchait plus à séduire Rochant : elle était folle de son jeune mari.

— Je souffre encore, ma vieille.

— Dieu merci, tu es plus vieux que moi de quatre ans sinon ce « ma vieille » ne passerait pas.

— Aux yeux des flics et du juge d'instruction, se justifia Rochant, je pourrais apparaître comme un rival de Simon et j'aurais un mobile pour l'avoir tué, ou pour avoir conseillé à Françoise de le faire.

— Mais tu as un alibi en béton : entre six et sept heures, tu étais avec moi dans mon bureau. Puis je ne te vois pas en assassin.

— Et Françoise ?

— Encore moins. C'est un être calme, mesuré, bien trop égoïste, bien trop narcissique pour penser à tuer. Le crime passionnel ne sied pas à notre Moret.

— Ce serait absurde. As-tu reçu une convocation du juge d'instruction ?

— Oui. Elle me plaît bien cette petite Larrieu.

— Les femmes aujourd'hui sont partout, elles occupent des postes clés. Bientôt, elles dirigeront le pays.

Parmi le personnel des Editions Raymond Houdert, il y avait de plus en plus de femmes, l'héritière du vieux Ray, la pimpante Caroline préférant favoriser le féminisme éditorial qui, prétendait-elle, était plus mordant, plus efficace que le personnel masculin. C'étaient néanmoins des hommes que son père avait placés aux postes importants : directeur littéraire, directeur commercial, directeur financier. Mais la collection étrangère, les droits annexes, l'audiovisuel, la presse, la direction technique étaient dirigés par des femmes. Et Caroline Houdert venait d'annoncer en réunion que c'était peut-être une femme qui remplacerait Simon Liénard à la direction littéraire.

Chez Raymond Houdert, on l'attendait, on ne l'avait jamais vue, on savait qu'elle était agrégée d'histoire, qu'elle avait passé deux ans aux Etats-Unis, qu'elle avait trente-deux ans et un volumineux carnet d'adresses internationales. On savait qu'elle n'était pas laide, qu'elle avait une poigne de fer, un cheveu sur la langue et des dents interminables. En réalité, on avait peur de cette Brigitte Torrence qui venait d'ailleurs. Et parce qu'elle devinait la peur qu'elle suscitait, Brigitte Torrence se préparait à devenir deux fois plus tyrannique que ne l'eût été un homme à sa place. Logique sexiste.

Seul Guillaume Rochant (et Caroline bien évidemment) l'avait déjà rencontrée, chez Raymond Houdert, au cours d'un dîner intime, le vieux Ray (comme l'appelaient ses familiers) ayant toujours eu un faible pour Guillaume Rochant dont il avait publié le premier roman. Etre reçu chez le directeur représentait une faveur inestimable et enviée. Rochant eut le bon goût de ne pas s'en vanter. Brigitte Torrence fut aimable, directe mais néanmoins prudente. Elle offrit à Guillaume son meilleur profil (elle avait une bosse sur le nez), des idées pour sa collection, l'invita à un cocktail qu'elle organiserait chez elle pour quelques amis, et lui promit que la porte de son bureau serait toujours ouverte pour lui.

Le regard de Rochant retint de la jeune femme une silhouette élancée, un visage étroit sous une chevelure ébouriffée, des mains d'enfant et un sourire épatant. Simon Liénard était mort, vive sa remplaçante !

Mais Brigitte Torrence ne devint pas la directrice littéraire des Editions Raymond Houdert car Guillaume Rochant n'avait pas paru séduit par la jeune femme ; le vieux Ray encore moins. Il était harcelé par Ariane Stocker qui voulait prendre la direction littéraire. Afin de ne pas favoriser sa maîtresse (dont l'incompétence professionnelle ne lui échappait pas) il eut envie de nommer Guillaume Rochant à la direction littéraire. C'était, à la réflexion, ce qu'il y avait de plus sage.

Caroline Houdert était sortie depuis un quart d'heure quand on frappa à nouveau à la porte du bureau de Rochant. Il répondit avec humeur :

— Je travaille. Revenez plus tard.

— C'est important. Il faut que je donne une réponse au journal.

Il reconnut la voix de Corinne Auberton, la « bonne fortune » de Simon Liénard, et la curiosité l'emporta sur l'impatience. Il se leva, tira le verrou, ouvrit et la fit entrer.

— Qu'y a-t-il de si urgent ?

Pour la première fois, il remarquait les yeux de Corinne Auberton : un vert émeraude à la fois audacieux et triste, qui rachetait la mollesse des traits et le teint sans éclat.

— FR3 Marseille voudrait consacrer une émission au document de Jean-Philippe Cassot. Mais Cassot n'a pas très envie de se déplacer. Pourriez-vous le convaincre ? Marseille attend la réponse avant ce soir.

— Je téléphonerai à Cassot, dit Rochant en se demandant ce que pouvait être le corps nu de Corinne Auberton dans un lit. Mou comme le reste, conclut-il. Que pensez-vous du meurtre de Simon Liénard ? enchaîna-t-il pour Corinne Auberton.

Elle rougit et ne répondit pas aussitôt. Puis :

— Je ne comprends pas. Je ne comprends pas pourquoi on l'a tué.

— Vous l'aimiez bien.

Ce n'était pas une question. A nouveau, la vilaine peau passa du blême à l'écarlate :

— Oui.

— La rumeur dit qu'il était votre amant.

— Les gens sont méchants.

— N'était-il pas votre amant ?

— Si. Mais les gens en profitent pour le salir, pour me salir.

— En tout cas, vous avez plus de chance que Françoise Moret qui elle aussi a été la maîtresse de Simon et qui est aujourd'hui en prison.

— Les policiers savent ce qu'ils font.

— Croyez-vous ? Croyez-vous qu'ils ne se trompent jamais ?

— Je ne sais pas, balbutia-t-elle.

— Vous ont-ils interrogée ?

— Nous avons tous, ici, été interrogés, vous le savez. Je leur ai dit la vérité : que j'étais... que je... enfin, que nous étions devenus plus intimes, Simon Liénard et moi.

— Vous ont-ils demandé ce que vous pensiez de Françoise Moret ?

— Pas exactement. Je ne la connais pas bien.

— Ses romans marchent très fort en province, pourtant.

— Nous n'avons, dit-elle, que des relations strictement professionnelles. Françoise Moret n'a aucune familiarité avec les attachées de presse. Dans le privé, elle ne fréquente que les gros bonnets de la maison.

— En somme, vous ne l'aimez pas.

— Mon rôle, ici, n'est pas de l'aimer ou de la détester. Je m'occupe de ses livres, point. Si vous le permettez, il faut que je retourne à mon bureau.

Il la regarda partir avec curiosité. Elle portait un corsage rose et une jupe blanche plissée, très courte. Ses pieds se tassaient dans des souliers à hauts talons, petits jusqu'à l'absurde. Ses joues étaient de cire blême et ses cheveux teints en or de pacotille, si bien qu'ils s'harmonisaient avec l'éclat des bracelets décorant ses bras potelés.

Elle avait l'aspect d'une poupée grandeur nature. Vivante.

8

FLORENCE LARRIEU

Être victime de la grippe, la vraie, alors que le printemps s'épanouit, c'est du vice. Ma température à 40, mon incapacité de me lever, de me nourrir et de promener Caresse ont eu raison de mon moral. Sans compter le dossier Moret qui traînait sur mon lit et que j'étais incapable de relire.

Mon père, mon ami Stéphane, ma femme de ménage se sont relayés pour organiser l'essentiel. Ma mère va bien, elle se repose chez elle, c'est un souci de moins. Aujourd'hui la fièvre a baissé et j'ai recommencé à m'alimenter, mais je suis encore fatiguée. Entre deux périodes de sommeil, je pense à ma dernière entrevue avec Françoise Moret et son avocat. Je ne connaissais pas cet homme jeune au visage agréable traversé par de larges yeux gris. Au Palais, la rumeur dit que maître Désaleux aurait eu des bontés pour maître Bruno Bernardet. Mais la rumeur ne m'impressionne pas, elle m'a éclaboussée à plusieurs reprises et j'ai eu la force de l'ignorer.

Ce qui m'impressionne, c'est la maîtrise de Françoise Moret. Quand elle entre dans mon bureau, suivie de son conseil, elle a l'air d'une reine en exil. Je guette alors le regard de Paul et j'attends qu'il applaudisse comme au théâtre, quand la vedette entre en scène. Mais il n'ose tout de même pas. Contrairement à maître Désaleux, maître Bernardet intervient peu : il laisse parler sa cliente, qui d'ailleurs n'est guère loquace. Jusqu'à présent, elle se contente d'affirmer qu'elle n'a pas tué Simon Liénard, qu'elle voulait le quitter et non l'inverse, et qu'elle est sortie des locaux des Editions Houdert vers dix-huit heures trente.

J'ai donc rencontré le témoin principal, la standardiste Myriam Vitran. Vingt-neuf ans, célibataire, un visage de fouine perdu sous un casque de cheveux roux hérissés par une sorte d'énergie phénoménale, des mains trapues, une voix pointue. Elle a abandonné ses études en troisième pour apprendre la coiffure « sur le tas », précise-t-elle. Mais on ne lui a jamais donné sa chance, et pendant quatre ans elle est restée shampooineuse. Après avoir été vendeuse dans une parfumerie, elle s'est découvert des varices et a cherché une place qui lui éviterait de rester debout. C'est ainsi qu'elle est devenue standardiste aux Editions Raymond Houdert.

Après deux heures d'interrogatoire, Myriam Vitran maintient sa déposition : il était entre dix-huit heures quarante-cinq et dix-neuf heures lorsque Françoise Moret est sortie des locaux des Editions Raymond Houdert. Sa vue étant excellente, elle ne s'est pas trompée quand elle a regardé la pendule du hall. Je reste néanmoins sceptique.

Après l'interrogatoire de Myriam Vitran, j'avais aussitôt convoqué Pierre Cressonnière, ce directeur commercial qui se flatte d'être un fin observateur. Bref interrogatoire, les policiers de la P.J. l'ayant longuement entendu. Cressonnière est formel : l'auteur de romans policiers, Patrick Cadet, est resté dans son bureau jusqu'à dix-huit heures trente. Ils sont descendus ensemble au rez-de-chaussée sans croiser Françoise Moret. Etait-elle encore dans le bureau de Simon Liénard ? C'est probable.

Le jour où ma grippe s'est déclarée avec une brutale poussée de fièvre à 40, je devais revoir Françoise Moret et son avocat. Paul a annulé ce rendez-vous et les autres. Quatre jours ont passé et lundi prochain je serai à nouveau au Palais et je refuserai à maître Bernardet la liberté pour sa cliente. Le substitut, qui vient de me téléphoner, approuve ma décision : nous ne pouvons pas prendre de risques.

Je devrais être satisfaite et pourtant une petite voix me souffle que je me livre à une solution de facilité. Le témoignage de la standardiste n'est pas entièrement convaincant.

J'entends une clé tourner dans la serrure, mais Caresse n'aboie pas. Echange de regards entre ma chienne et moi. Caresse n'est pas inquiète et s'avance tranquillement vers le visiteur... qui est une visiteuse.

— Maman !

— Ne crie pas, Florence. Mon médecin m'a ordonné de marcher une heure par jour, et ma première sortie est pour toi.

Elle a apporté quelques provisions qu'elle va ranger dans la cuisine. Quand elle revient, je suis debout, en robe de chambre.

— Surtout, n'augmente pas les honoraires trop généreux que tu dois offrir à ta femme de ménage.

— Elle est gentille.

— Mais pas très méticuleuse. Enfin !

Je la regarde : elle a maigri et je retrouve la mère de mon adolescence, de nos papotages, de nos confidences. Une femme qui ne s'effaçait pas derrière la mère. Une femme amoureuse de son mari infidèle et plus jeune qu'elle. Je pense à ce que m'a dit mon père quand il a cru la perdre il y a quelque temps, et je tremble à l'idée qu'il aurait pu la quitter et aux conséquences qui en auraient découlé pour elle, pour lui, pour moi.

— Cette femme, dit ma mère, cette Françoise Moret accusée de meurtre, je me demande si elle est coupable.

C'est la première fois que ma mère me parle d'un dossier dont je m'occupe.

— Comment la trouves-tu, maman ?

— Froide.

— Mais belle.
— Elle ne plairait pas à ton père.
— Pourquoi ?
— Trop vieille.
— Tu plaisantes ?
— Oh non ! Mais la crois-tu vraiment coupable ?
— Pour l'instant, je ne suis pas tout à fait convaincue. Je n'ai pas vu tous les témoins. J'avance avec prudence.
— Elle l'a tué, dit ma mère en sortant de son sac un paquet de bonbons sans sucre. Régime, ajoute-t-elle.
— Tu serais un juge redoutable. Tu ne sais à peu près rien de cette femme et tu la condamnes parce qu'elle fut la maîtresse d'un homme marié.
Ma mère proteste avec véhémence :
— Tes conclusions sont absurdes. Je la condamne parce que j'ai lu ses livres.
— Tu les aimais naguère.
— Justement. Ils sont trop séduisants pour être honnêtes. C'est ficelé d'une poigne terrible. Cette femme construit des histoires avec un sang-froid et une habileté désarmants. Le meurtre de Simon Liénard était prémédité. Qui d'autre aurait voulu tuer cet homme vaniteux mais inoffensif ?
— Le mobile ?
Ma mère pose sur moi un regard aigu :
— Je m'aperçois que tu es encore très jeune. Pas seulement physiquement. Une femme mariée à un homme infidèle envie et hait jusqu'à l'absurde la maîtresse de son époux, cette femme fatale qu'elle croit privilégiée, ces longues heures que le mari accorde à sa maîtresse et qui ne sont faites que de plaisir et de détente. Le luxe. Mais, à l'opposé, la maîtresse envie et hait jusqu'à la folie la femme légitime qui a des enfants et qui est reconnue officiellement. Ta Françoise Moret n'a jamais pu obtenir de son amant qu'il devienne légalement son mari.

— Des maris, elle en a eu d'autres et elle pouvait en avoir encore.

— Mais pas lui, Simon Liénard. Et c'était lui qu'elle voulait.

Je ne suis pas convaincue. Néanmoins, les déductions de ma mère me confortent dans mon refus d'accorder la liberté à Françoise Moret. Demain, je le dirai à son conseil.

Sans oser prévenir ma mère, mon père avait téléphoné aux Etats-Unis, à ma grand-mère maternelle, ma Béatrice chérie (elle n'a jamais voulu que je l'appelle mamie ; encore moins grand-mère) pour lui dire que sa fille unique venait d'être secouée par un infarctus.

— J'arrive ! a dit Béatrice.

— Mais vous allez lui faire peur ! Elle va croire que sa dernière heure est arrivée.

— Pas du tout. J'avais l'intention de rentrer en France de toute façon. Je viens d'enterrer le sénateur, et ma famille parisienne me manque. La Californie, vous savez, on en a vite fait le tour.

Le sénateur était son quatrième mari, que je ne connaissais pas. Lors du dernier voyage en France de Béatrice, j'étais encore une adolescente, et, à soixante-dix ans, elle m'avait éblouie. Mais allant aujourd'hui sur ses quatre-vingts ans, je m'attendais à voir une petite vieille rabougrie à la voix chevrotante. Or, quand elle débarque du Concorde où mon père est allé la chercher pour l'amener chez lui, je découvre une femme souveraine, élégante, racée. Comme je m'en étonne ouvertement, Béatrice déclare en me prenant dans ses bras :

— Quatrième lifting. Un pour chaque mari. J'arrête là puisque le dernier est mort...

Puis elle m'examine après avoir mis ses lunettes très new look en forme de papillon :

— On ne peut pas dire que tu fasses de très gros efforts de coquetterie. Mais tu es jolie et je t'apprendrai à tirer le maximum de ta séduction naturelle.

Les malles de Béatrice arriveront plus tard. Pour l'instant elle n'a qu'une valise et je l'aide à ranger ses affaires dans mon ancienne chambre où elle va s'installer. Je m'en réjouis sans oser le dire, à cause de ma mère qui n'a jamais su être aussi proche de moi que l'est Béatrice.

— Je t'ai apporté un cadeau, dit ma grand-mère en me tendant une superbe trousse à maquillage. Et ça n'est pas pour la frime, ajoute-t-elle. Sers-t'en !

Un cuir souple, chamois, des flacons d'eau de toilette (pleins) Guerlain et Dior, des crèmes et des fonds de teint de toutes nuances, du vernis à ongles, etc.

— C'est trop beau, dis-je.

— Rien n'est jamais trop beau. Assieds-toi. J'ai appris par une lettre de ta mère que ton mari...

— Il est mort. C'est une histoire bouclée.

— Ne sois pas aussi raide. Apprends à sourire dans les moments graves. La vie n'est pas courte contrairement au dicton, mais il faut savoir la rendre intense. As-tu des aventures ?

— Pas le temps.

— Mon Dieu ! Dis-toi bien que lorsque tu exerces ta profession avec le sérieux que je suppose, tu ne cherches en réalité qu'à te distinguer pour te faire aimer. C'est ce que nous cherchons tous, même ceux qui parlent d'ambition, d'intérêt ou de pouvoir. Plus ce mobile est masqué, plus il est fort. Le véritable cynisme c'est d'avouer sa fragilité. Craque, ma chérie, laisse-toi aller et tu comprendras que c'est le meilleur moyen pour rebondir et maîtriser la situation. Regarde ailleurs. Tes dossiers sont abstraits et ne t'offriront qu'une connaissance de la vie limitée.

— Parle-moi de la tienne aux Etats-Unis.

— Ce soir je suis trop fatiguée. N'oublie pas que je suis

une vieille femme. Dix mille kilomètres en avion, c'est peut-être amusant à vingt ans ; pas à mon âge.

Mais je n'arrive pas à le lui donner cet âge. Ma mère qui est encore très faible me paraît autrement plus vieille.

Le lendemain, quand je retourne au Palais, j'ai un emploi du temps serré. La matinée commence avec Caroline Houdert dont la première déposition dans les locaux de sa maison d'édition était incomplète.

Je n'avais pas réalisé à quel point son torse est puissant sur des jambes frêles. Mais le visage est agréable, sain, ouvert sur un sourire tout blanc. Elle n'a que trente-quatre ans et pourtant j'ai l'impression d'être considérablement plus jeune qu'elle.

Je résume pour elle sa première déposition : de dix-huit heures à dix-neuf heures, elle se trouvait dans son bureau en compagnie de Guillaume Rochant.

— Vous n'êtes sortie à aucun moment ?

— Non. Mais Guillaume est allé chercher un manuscrit dans son bureau. Son bureau n'est séparé du mien que par quelques mètres.

— Quelle heure était-il ?

— Sept heures moins dix.

— Comment pouvez-vous être aussi précise ?

— Tous les soirs je passe un coup de fil à la standardiste, vers sept heures, pour lui dire qu'elle peut partir ou attendre encore si j'ai besoin d'elle. Ce soir-là quand j'ai consulté ma montre, il était sept heures moins dix. Un quart d'heure plus tard nous avons tous entendu le hurlement de la femme de ménage.

— Quand vous dites « tous », cela implique les collaborateurs du second étage et du rez-de-chaussée ?

— Oui. Mais le rez-de-chaussée peut être éliminé des suspects. Comme vous avez pu le constater, c'est une grande salle partagée en trois par des panneaux vitrés.

Deux des attachées de presse étaient ensemble avec trois auteurs.

— Et au second ?

— Ils étaient également ensemble : Ariane Stocker, la directrice du département étranger avec ses assistantes, le chef de publicité avec ses assistantes ainsi que le directeur financier qui bavardait avec le chef de fabrication et la chef correctrice.

— Reste donc le premier étage avec votre bureau, celui de Guillaume Rochant et celui du directeur commercial Pierre Cressonnière. Est-ce qu'un visiteur a pu entrer après dix-huit heures ?

— Je ne pense pas. Mais la standardiste vous le dira.

— Elle me l'a déjà dit : elle n'a vu entrer personne après dix-huit heures, mais elle est comme vous tous : elle se rend souvent aux toilettes ou au premier où se trouve un distributeur de boissons. On m'a dit aussi qu'elle traînait parfois au service de presse.

Caroline Houdert soupire :

— C'est vrai. Néanmoins elle répond bien au téléphone, sans insulter des auteurs dont les manuscrits sont refusés ou en attente d'une publication (ce qui était le cas avec la précédente standardiste). Mais elle est bavarde et étourdie.

— Simon Liénard avait-il des problèmes professionnels ?

Elle réfléchit en tapotant ses admirables dents avec son index et son majeur aux ongles longs et vernis.

— Depuis quelque temps il bâclait son travail : ses prières d'insérer étaient presque illisibles et ses rapports de lecture de plus en plus succincts.

Je n'ose pas lui demander en quoi consiste exactement un prière d'insérer : je suis censée le savoir.

— Pourtant, dis-je, Mme Liénard prétend que son mari ramenait tous les soirs du travail chez lui.

— Parce qu'il ne le faisait pas au bureau. Il est vrai qu'il recevait de nombreux auteurs. Les directeurs littéraires sont toujours très sollicités.

— Vous parlait-il de ses problèmes privés ?

— Ces jours derniers il disait à qui voulait l'entendre, et le croire, qu'il était las de sa liaison avec Françoise Moret. Mais je savais que c'était le contraire. Il s'accrochait. Il ne supportait pas de la perdre.

— Pourtant, il avait une aventure avec la jeune Corinne Auberton.

— Rien d'important. Il espérait susciter la jalousie de Françoise. Elle s'en fichait. Il était paumé. Lâche et paumé.

— Avait-il des ennemis ?

— Tous les éditeurs, tous les directeurs littéraires ont des ennemis : les auteurs dont les manuscrits sont refusés. Mais ça ne va jamais très loin sinon tous les éditeurs et tous les directeurs littéraires seraient déjà morts et enterrés.

— Je vous remercie. Voulez-vous relire votre déposition et la signer ?

Elle me regarde et sourit :

— Vous êtes vraiment jeune pour faire ce métier.

— En effet, dis-je sans sourire.

Il me paraît encore plus grand que lorsque je l'ai vu dans les locaux des Editions Raymond Houdert. Plus charmant aussi (le sourire est désarmant). Les yeux sont d'un bleu vif, le front haut, légèrement dégarni. Guillaume Rochant, trente-huit ans, directeur de collection, romancier discret et de qualité.

— Pouvez-vous me parler de Simon Liénard ?

Silence. Il lève les yeux au plafond plutôt crasseux.

— Vous faisait-il des confidences sur sa vie privée ?

— Sa vie privée était publique. Simon racontait n'importe quoi, histoire de se prouver qu'il n'était pas n'importe qui. Un peu mythomane, un peu hâbleur, brave type au demeurant. Fragile. C'est tout ce que je peux vous dire concernant Simon Liénard. Nous n'étions pas intimes.

— Et Françoise Moret ?

L'œil bleu se trouble.

— Il avait été son amant. Il ne l'était plus. Il en crevait.

— Et vous ?

— J'avais été son amant avant Simon. Je ne l'étais plus depuis longtemps. Je n'en crevais pas. La roue tourne souvent bêtement, il faut l'accepter.

— Sage.

— Prudent.

— Vous donnez l'impression de bien vous entendre avec Caroline Houdert.

— C'est une femmme remarquable. Aucun défaut, sauf peut-être...

— Oui ?

— Caroline n'a jamais le sens du temps qui passe, de la durée. Elle oscille entre dix-huit ans et cinquante selon son humeur. Et vous ne me croirez peut-être pas, mais elle est beaucoup plus redoutable quand elle se donne dix-huit printemps. Craignant alors de ne pas être prise au sérieux, elle vous foudroie.

— Y a-t-il longtemps que vous travaillez chez Raymond Houdert ?

— Dix ans. C'est le vieux Ray qui m'a engagé. Le père de Caroline est un second père pour moi.

— Vous écrivez, n'est-ce pas ?

— Je me ferai un plaisir de vous dédicacer un de mes romans. Ce sera la première fois que je le dédicacerai à un juge d'instruction.

Je me sens rougir, idiote.

— Croyez-vous Françoise Moret capable d'avoir tué Simon Liénard ?

— *A priori,* non. Mais ce qui se passe entre deux amants... Vous le savez aussi bien que moi.

— Mais vous connaissez mieux que moi Françoise Moret.

— A vrai dire, même pour moi qui ai été son ami intime, elle reste indéchiffrable. Ce qui ne veut pas dire qu'elle n'a pas tué Simon.

— Comment pouvez-vous le savoir ?

— Je voulais dire : ce n'est pas un crime passionnel. C'est trop froid, trop calculé.

Cet homme me trouble et je ne sais pas quel sens donner à ce trouble. Physiquement, je le trouve beau, même s'il perd ses cheveux qui sont d'un brun doux. Sa sveltesse, sa désinvolture, son sourire me plaisent. Tais-toi idiote. J'aimerais l'interroger plus longuement mais d'autres témoins attendent et ma journée sera longue.

— Ce sera tout pour aujourd'hui, merci. Vous serez à nouveau convoqué. Relisez votre déposition et signez.

Dès qu'il est sorti, Paul se tourne vers moi avec une moue sceptique :

— Ce type-là n'a pas tout dit.

— Il le dira, Paul. Faites entrer le témoin suivant.

9

La première lettre anonyme avait fait rire Guillaume Rochant. Il la montra à Caroline Houdert.

— Méfie-toi, dit-elle. Ce n'est peut-être pas gratuit.

La deuxième lettre anonyme étant plus précise, il alla trouver Pierre Cressonnière pour lui en parler. Cressonnière était un type solide, sans états d'âme et sans imagination, en qui Rochant avait toute confiance. Mais le directeur commercial parut plus que troublé et finit par avouer que, lui aussi...

Ils comparèrent les lettres, tapées sur la même vieille machine qu'on ne trouvait plus dans leurs bureaux depuis dix ans. Le visage de Cressonnière était gris et luisant.

— On dirait, mon vieux, que tu as quelque chose à te reprocher, dit Rochant.

— On peut toujours se reprocher d'avoir été un imbécile et un jobard. En ce qui me concerne, je ne vois rien d'autre. Mais j'ai peur. Et toi ?

— Qu'on sache que j'ai été l'amant de Françoise n'a rien de surprenant, dit-il, mais qui a pu deviner que j'ai voulu me suicider quand elle m'a quitté ? Seule Françoise le savait et elle est en prison. Jusqu'à présent, elle ne s'en était jamais vantée. Mon frère s'est occupé de moi dans cette affaire, mon frère Henri est médecin. Secret professionnel. Il se ferait tuer plutôt que de bafouer ce secret.

La lettre reçue par Pierre Cressonnière était plus banale. On se contentait de le menacer. Etant donné que le courage n'était pas son fort, il paniquait. Le meurtre de Simon Liénard restant inexplicable, sauf pour les naïfs comme lui qui avaient cru au crime passionnel, Cressonnière se dit qu'il devait désormais se montrer très prudent.

— Un auteur refusé ? interrogeait-il Rochant. Mais pourquoi s'adresserait-il à moi qui n'y suis pour rien ?

— Pour déconcerter, brouiller les pistes, avança Rochant. Sous ton masque de gentil rêveur, tu caches un observateur impitoyable, mon cher Pierre, et il se peut que tu aies vu des choses que tu n'aurais pas dû voir.

— Ça m'étonnerait. Et toi ? Pourquoi toi ? Je ne comprends pas. Tu es le chouchou du vieux Ray, tu obtiens ce que tu veux, et personne n'est dupe : c'est toi qui prendras la direction littéraire. Alors, pourquoi te menacer ? De quoi, au fait ? Du vent, peut-être.

— Oublie cela, tu as raison. Une mauvaise plaisanterie.

Mais le soir même, Rochant téléphona à son frère Henri.

— Un ennui, Guillaume ?

— J'ai reçu deux lettres anonymes.

— Il y en a toujours après un meurtre.

— Pas de cette nature-là.

— Préviens la police.

— Il faudra les montrer et je n'ai pas envie qu'on sache que j'ai fait une tentative de suicide.

— Où en es-tu de ta nostalgie ?

— En période de lâcheté. Françoise n'a pas pu tuer Liénard, mais je ne fais rien pour tenter de la disculper. Comme si une part de moi-même, une part que j'ignorais, voulait se venger.

— Quel aveu !

— Tu es mon frère et tu es médecin. Tu es donc le seul à qui je puisse me confier. Je n'en suis pas fier, crois-le.

— Méfie-toi tout de même. Ces lettres sont un avertissement.

Dès le matin suivant, Rochant revint trouver Cressonnière. Lui non plus n'avait pas envie d'alerter les flics. Rochant le soupçonnait d'avoir une liaison extraconjugale qu'il ne tenait pas à dévoiler.

— J'ai réfléchi, dit Guillaume. Il ne faut pas dramatiser. Oublions ces lettres et n'en parlons à personne. L'auteur est un malade ou un farceur.

Il y eut ce jour-là, en fin de matinée, une réunion des cadres pour étudier plusieurs candidatures au poste de directeur littéraire, que la mort de Simon Liénard laissait vacant. La candidature de Brigitte Torrence ayant finalement été rejetée par le vieux Ray, Caroline proposa le poste à Guillaume Rochant.

— Je n'ai jamais brigué ce poste, dit-il, tu le sais. Je suis heureux de diriger une collection qui marche bien et qui ne me demande pas trop de travail, me permettant ainsi de continuer à écrire des romans. La direction littéraire ne sera pas de tout repos ; c'est ce qui m'inquiète.

Caroline insista :

— Je ne veux pas te bousculer, mais j'aimerais que tu acceptes. Les autres candidats viennent de l'extérieur, je les connais mal et ils pourraient avoir des exigences qui ne me conviendraient pas. Avec toi, je sais où je vais.

— Que dit ton père ?

— C'est lui qui tient le plus à toi, je l'avoue. Il serait heureux que tu acceptes. Plus encore que moi, il a peur de Brigitte Torrence ou d'un inconnu. Il veut te voir.

Le vieux Ray attendait Rochant dans son bureau. Les souvenirs mijotaient dans la pièce.

— Assieds-toi.

Raymond Houdert le tutoyait, lui aussi. Pour Ray, Rochant était resté le jeune écrivain ambitieux qu'il avait lancé à grands renforts de placards publicitaires. Guillaume était toujours « le grand romancier hors Goncourt » qui avait fait sa fierté. Ray était aujourd'hui un peu plus tassé sur son buste trapu, et sa tête léonine faisait penser à ce vieil acteur injustement oublié car c'était aussi un metteur en scène de grand talent : Charles Granval, le premier mari de Madeleine Renaud.

— Tu ne vas pas nous lâcher, dit-il en jouant avec le coupe-papier effilé qui traînait sur son vaste bureau depuis des lustres.

L'arme du crime, se dit Rochant, le temps d'un sourire au vieux Ray.

— Laissez-moi un temps de réflexion, s'il vous plaît.

— Pour moi, c'est tout réfléchi : je ne vois que toi. Si tu crains de continuer à publier des romans chez nous parce que tu es à la direction littéraire, je t'autoriserai à les publier ailleurs.

— Que dirait Caroline ?

— Que veux-tu qu'elle dise ? Je reste le patron, non ? Je ne suis pas encore mort.

Puis, sans transition :

— Que penses-tu de Bruno ?

— Mon Dieu... Ce que tout le monde en pense : c'est un jeune avocat ambitieux et compétent.

— Ambitieux, oui. Pour le reste... En fait, je n'apprécie pas du tout qu'il assure la défense de Françoise Moret. C'est malsain.

— Que craignez-vous ?

— Ce que n'importe quel père craindrait en voyant son gendre approcher de trop près cette sacrée Françoise.

Rochant ne put réprimer un rire :

— Bruno est trop ambitieux pour compromettre sa carrière pour une femme, fût-elle aussi séduisante que Françoise. L'affaire va le lancer. Dès qu'il l'aura mise hors de cause...

— Parce que tu crois qu'elle est innocente ?

— Pas vous ?

Raymond Houdert ne répondit pas ; il le regarda avec un sourire ironique et soupira :

— Caroline est mon unique enfant, tout ce qu'il me reste d'une union qui fut épatante ; c'est dire à quel point elle compte pour moi. Je ne veux pas la voir souffrir

— Bruno ?

— Il l'a trompée, bien sûr, mais Caroline a un orgueil démentiel : elle prétend qu'elle n'a jamais souffert. Je déteste mon gendre.

— Parce qu'il est avocat ?

— Non. Parce qu'il joue les matamores sans se soucier d'autrui et parce que finalement c'est un homme faible. Crois-moi, je l'ai bien observé et si j'avais voulu je l'aurais fait trébucher plus d'une fois. Mais je pense avant tout à Caroline et je joue, moi, les niais.

Rochant avait toujours pensé que, quelle que fût la personnalité du gendre, le vieux Ray ne l'eût pas aimé. On lui arrachait son seul bien : sa fille.

— T'es-tu posé cette question, Guillaume : pourquoi Caroline n'a-t-elle pas d'enfant, elle qui en voulait à tout prix ?

— Elle ne peut peut-être pas en avoir.

— Tu plaisantes. Elle s'est fait avorter plusieurs fois. C'est Bruno qui a décidé qu'elle n'en aurait pas. Il ne veut pas d'entrave. Enfin, j'ai peut-être tort de m'inquiéter.

Guillaume Rochant s'était levé, il allait prendre congé quand Raymond Houdert dit :

— Ne me fais pas l'affront de refuser ce poste. J'ai besoin de toi, Guillaume, j'ai besoin d'un homme en qui j'aie toute confiance. Je te considère comme mon fils.

Savait-il que Rochant avait été l'amant de Françoise Moret ? Bien sûr, le vieux Ray savait tout. De son bureau qui paraissait hors circuit, il avait le loisir et l'astuce de faire la pleine lumière sur son petit monde éditorial. Mais ce qui étonnait Rochant, c'était ce projecteur que le vieux Ray avait fixé sur son gendre. Il fallait que sa haine fût coriace pour en arriver là. D'où tenait-il ses renseignements ? Raymond Houdert avait des amis dans tous les milieux y compris dans le milieu ; chez les flics ; parmi les journalistes.

Rochant en était là de ses réflexions lorsque Pierre Cressonnière surgit dans son bureau, le visage encore plus gris et luisant que le matin. Il referma la porte et tira le verrou.

— C'est si grave que cela, Pierre ?

— Maintenant, les menaces arrivent par téléphone, sur ma ligne directe. Bon sang ! J'ai l'impression d'être un héros de polar.

— Tu travailles dans l'édition, mon vieux, et les polars, c'est ce que tu préfères.

— Pourquoi moi, nom de Dieu ! Pourquoi moi ?

— Pas plus que toi je ne puis répondre. Mais je veux rester optimiste. Tu sais à quel point des auteurs dont on a refusé les manuscrits peuvent se sentir blessés.

— Mais je n'ai refusé personne. Je me contente de m'occuper des ventes.

— Là aussi, il y a des auteurs amers. Ceux dont les livres ne se sont vendus qu'à cinq cents ou huit cents exemplaires. Ils doivent penser que tu en es responsable.

— Attention attention. Ça voudrait dire que des auteurs de la maison doivent être soupçonnés. Je ne peux pas le croire.

— Mais tu croirais volontiers à la culpabilité de Françoise...

— Je ne crois rien.

— Que t'a-t-on dit au téléphone ?

— Une voix caverneuse m'a traité de salaud et a menacé de me tuer. Pour l'exemple. Oui, pour l'exemple. Quel exemple ? Tu peux me le dire ?

Il était au bord des larmes et Rochant n'arrivait pas à le plaindre ni même à le prendre au sérieux. Il le trouvait un peu ridicule.

— A mon avis, c'est une plaisanterie.

— Les lettres anonymes aussi ?

— Sans doute. Mais il y a une solution.

— Si tu veux proposer les flics, je dis non tout de suite. Ils ne feraient qu'envenimer l'affaire.

— Un privé, dit Rochant.

— Un privé ? Je n'en connais pas.

— Consulte ton minitel.

— Un détective privé, c'est très cher.

Rochant retrouvait le petit-bourgeois Cressonnière et son sens de l'économie.

— Tu as raison, c'est cher et ça n'en vaut pas la peine. Oublie tout, ce n'est qu'une plaisanterie.

Le soir même, vers dix-neuf heures trente, en allant reprendre sa voiture dans le parking du deuxième sous-sol, lugubre et désert, et qui n'était autorisé qu'aux cadres supérieurs, Pierre Cressonnière crut entendre derrière lui des pas. Il s'immobilisa. Les pas s'arrêtèrent aussitôt. Cressonnière fit volte-face mais ne vit personne. Le parking était très mal éclairé et n'importe qui pouvait y entrer sans carte magnétique. Quand Cressonnière se remit en marche, les pas reprirent, et cette fois une peur brutale le saisit, une peur qui évoquait pour lui son enfance, quand, pour le punir, son père l'obligeait à descendre à la cave pour y chercher du vin, sachant fort bien que cette cave sombre et puante terrifiait Pierre.

Il n'eut pas le courage de se retourner une seconde fois, et sa voiture n'étant qu'à quelques mètres, il s'y précipita. Toutes portières fermées hermétiquement, il alluma les phares, démarra et sortit rapidement du garage. Si la plaisanterie devait se poursuivre, pensa-t-il, il ne résisterait pas à l'hystérie. Ni à l'alcool dont il abusa en rentrant chez lui, histoire de se calmer.

Guillaume Rochant observait Florence Larrieu. Aujourd'hui, dans son corsage blanc au col officier, madame le Juge lui paraissait tout à fait charmante. S'il avait osé, il lui aurait conseillé d'adopter une coiffure moins stricte (un catogan, quelle absurdité !).

— Depuis quand êtes-vous romancier ?

Une voix claire, sans afféterie. Un regard tout droit.

— Douze ans. Raymond Houdert a publié mon premier roman, puis deux ans plus tard il m'a proposé de diriger une collection.

— Vous connaissez donc très bien vos collaborateurs et les auteurs de la maison.

— On ne connaît jamais très bien ses collègues, encore moins les auteurs. Je suis un homme discret.

— Mais observateur, forcément puisque vous êtes écrivain.

Il la regarda avec un léger sourire mais retint ce qu'il allait dire : un écrivain n'observe pas forcément l'univers extérieur. Tout part de lui, de son monde intime qui lui permet de réinventer le réel, un réel venant de son espace mental. C'est en cela qu'un écrivain peut être un artiste. Comme le dit Paul Klee : « L'art ne reproduit pas le visible, il rend visible. » Et ce visible peut déconcerter, paraître irréaliste.

— Je n'ai tout de même pas un regard de flic, dit-il.

— Ah non ?

Elle se foutait de lui, la charmante garce, et il prit la peine d'en rire.

— Non.

— Parlez-moi de Françoise Moret.

— Elle n'était pas mon auteur.

— Mais vous la connaissiez intimement : vous me l'avez dit la dernière fois.

— Nous avons flirté, lâcha-t-il pour la déconcerter.

— Flirté ? A votre âge !

Décidément, elle avait le charme aigu, madame le Juge.

— Vous avez raison, c'est un terme désuet et inapproprié. Même à quinze ans, aujourd'hui, on ne flirte plus.

— Revenons à Françoise Moret : vous n'étiez pas sans savoir qu'elle allait quitter Simon Liénard.

— Elle ne m'en avait pas parlé.

— Pourquoi avez-vous été aussi évasif avec les policiers qui vous ont interrogé ?

— J'étais bouleversé. Dans ces cas-là je suis frappé de stupeur et d'imbécillité.

— Il m'est difficile de vous croire.

— J'en suis navré.

— Que vous disait Simon Liénard concernant sa liaison avec Françoise Moret ?

— Des bêtises.

— Pourriez-vous être plus précis ?

— Il m'est difficile de parler d'un mort.

— Vous avez déjà dit cela aux inspecteurs de la Police judiciaire.

— Voyez-vous un inconvénient à ce que je me répète ?

— Non. Mais je vous demande de m'aider, d'aider la justice en disant ce que vous savez. Il s'agit d'établir ou non la culpabilité d'une femme qui a été une de vos amies.

Cette petite Florence Larrieu lui plaisait et pas seulement en tant que juge. Rochant sourit intérieurement à l'idée de lui faire la cour.

— Simon était très vaniteux, dit-il. Il racontait n'importe quoi. Ce n'était pas méchant ; simplement maladroit. Mais parfois se glissait dans ce bluff enfantin une vérité coriace.

— En somme, vous n'avez pas la certitude que Françoise Moret voulait le quitter.

— Je n'ai aucune certitude, sur rien. Il me suffit d'observer et de conclure, ce qui n'implique pas que je sois toujours dans le vrai. Les écrivains et ceux qui les éditent appartiennent à un univers un peu fou, presque insaisissable. La logique y est souvent bafouée.

— Quand vous êtes dans vos bureaux, aux Editions Raymond Houdert, laissez-vous les portes ouvertes ?

— Rarement. Surtout à cette heure-là. Nous avons enfin la paix et nous pouvons travailler ou discuter tranquillement.

— Donc, il n'y a aucune raison pour que vous ayez vu sortir Françoise Moret du bureau de Simon Liénard.

— Aucune, et je le regrette.

Allait-il lui dire qu'il avait reçu deux lettres anonymes ? Il hésitait.

— Connaissez-vous Jérôme Lacarrère ?

Elle baissait la tête sur ses notes, elle avait un cou d'une grâce exquise, il n'était sans doute pour elle, se disait-il, qu'un quadragénaire qui perdait ses cheveux et qui répondait mal, non seulement à ses questions mais à l'idée qu'elle se faisait d'un homme séduisant.

— Oui, répondit-il, je le connais un peu, comme je connais tous les journalistes spécialisés en critique littéraire.

— Vient-il souvent aux Editions Raymond Houdert ?

— A tous les cocktails qu'offre la maison, et, comme la plupart des critiques quand ils sont invités à déjeuner par les attachées de presse ou les directeurs de collection.

— Ainsi, vous avez sans doute déjeuné avec Jérôme Lacarrère.

— Non, car sa rubrique ne couvre que les romans. Je ne publie que des essais et des documents ; du moins, je ne publiais que cela jusqu'à présent. Je vais succéder à Simon Liénard et prendre la direction littéraire.

— Monsieur Rochant, avez-vous entendu dire que Françoise Moret était sur le point de se remarier ?

— Grands dieux non ! Françoise disait toujours que deux essais lui avaient suffi et qu'elle détestait le rôle d'épouse.

— Une dernière question : parmi les auteurs que vous avez refusé d'éditer, y en a-t-il un ou plusieurs qui aient réagi de façon violente ou menaçante ?

— Nous en refusons tous les jours et il nous arrive de recevoir des lettres d'insultes. Mais aucun de ces auteurs n'est venu me menacer avec une arme ni même faire un scandale.

— Ce sera tout. Merci. Je vais récapituler et vous signerez votre déposition.

Tandis qu'elle résumait l'interrogatoire pour son greffier, Rochant observait son profil très fin : le front haut, le nez bref, la bouche enfantine et ce cou si long, si pur... Comment proposer un rendez-vous pour dîner à un juge d'instruction ?

— Etes-vous d'accord, monsieur Rochant ?

— D'accord ?

— Sur votre déposition.

— Oui, bien sûr, oui.

Lui écrire ? Mieux : lui téléphoner. Mais pas au Palais. Et qui lui fournirait le numéro de téléphone de Florence Larrieu ?

Elle s'était levée de façon inattendue, avec un froid et insolent sourire. Et soudain, elle fut à nouveau Florence Larrieu, cheveux sages, yeux limpides, long corps frêle vêtu sur la défensive, une tête de moins que lui. Il la salua puisqu'elle ne lui tendait pas la main. Dans le couloir, il aperçut Pierre Cressonnière, le visage toujours aussi gris et luisant.

— Alors ? dit le directeur commercial.

— Alors rien. Je n'ai pas parlé des lettres anonymes.

— Tu as bien fait.

10

FLORENCE LARRIEU

J'AI vu tiquer Guillaume Rochant lorsque j'ai prononcé le nom de Jérôme Lacarrère. Quand on me parle de rivalité entre femmes (quant à la séduction) je réponds que la rivalité entre hommes est bien plus redoutable. J'en ai tous les jours la preuve.

Jérôme Lacarrère est l'homme mystérieux qui serait l'amant de Françoise Moret, le dernier, celui qui aurait supplanté Simon Liénard. Le renseignement m'a été fourni par un journaliste, familier d'un de mes amis avocat, Dominique Fabre.

Au cours de son interrogatoire à la P.J., Françoise Moret avait obstinément refusé de révéler l'identité de ce journaliste. Je convoquerai Jérôme Lacarrère dès que j'aurai des informations plus précises et plus sûres. Dans un instant, je recevrai Pierre Cressonnière, le directeur commercial des Editions Raymond Houdert. Mais auparavant, je fais une pause-café avec Paul.

— Vous n'oubliez pas, dit-il, dimanche à treize heures.

C'est le jour de ses fiançailles et je n'ai pas encore acheté son cadeau. J'ai demandé à ma mère de me donner une idée, mais elle prétend qu'on ne fait des cadeaux que pour les mariages. Je veux néanmoins offrir un gadget à Paul, qui les collectionne.

— Que font les parents de votre fiancée ?

— Droguistes dans le XVIIIe arrondissement.

Ceux de Paul travaillent aux P. et T., et la fiancée dans une compagnie d'assurances.

— Comment serez-vous habillé, Paul ?

— Costume gris foncé et chemise blanche.

Pour l'instant, il est en jean et tee-shirt.

— N'est-ce pas un peu triste ce gris foncé ?

— C'est distingué. Je me range, madame le Juge, j'enterre ma vie de garçon.

— Y a-t-il beaucoup à ranger ?

Il se redresse, passe une main aux ongles rongés dans ses cheveux raides et pas très propres, et pose sur moi un regard meurtrier.

— Je connais la vie, siffle-t-il entre ses dents, et vous seriez étonnée si je vous en parlais en confidence.

J'ai du mal à réprimer un rire.

— Nous n'avons pas le temps, Paul, car j'imagine que ce serait long. Dieu merci, ces fiançailles arrivent à point pour clore la liste de vos conquêtes. Après le directeur commercial, il faut que j'interroge la préposée à la direction des livres étrangers, une certaine Ariane Stocker.

— Ah oui ! la bonne femme qui a été parachutée par Raymond Houdert pour remplacer l'Américaine...

— Comment le savez-vous ?

— Après votre départ des Editions Raymond Houdert, l'autre jour, j'ai fait parler une petite secrétaire.

— Mais vous n'aviez pas le droit !

Mon indignation n'est pas feinte. Paul a commis une faute professionnelle et j'aurais dû me douter, à le voir papillonner parmi toutes ces jeunes femmes qu'emploient les Editions Raymond Houdert, qu'il ne pourrait pas s'empêcher de s'attribuer un rôle important dès que j'aurais le dos tourné. Mais j'étais si bouleversée ce jour-là...

— Que vous a-t-elle dit ?

— Eh bien, ce que tout le monde raconte dans la maison : Ariane Stocker, qui par parenthèses n'est plus de la première fraîcheur, n'a pas dédaigné les avances du vieux Raymond Houdert, qui est veuf mais encore vert. Et sous prétexte qu'elle parle l'anglais à peu près couramment, elle a obtenu le renvoi de Joan Brice, une Américaine compétente, pour prendre sa place à la direction des livres étrangers. Inutile de préciser que cette arrogante Ariane Stocker s'est aussitôt fait détester par toute la maison. Guillaume Rochant et Simon Liénard eux-mêmes craignaient d'être évincés de leur poste par l'intrigante.

Je soupire : mon indulgence pour Paul est illimitée, mais je dois reconnaître que ses informations sont parfois intéressantes. Ni aux officiers de police ni à moi-même, les petites secrétaires des Editions Raymond Houdert n'auraient osé faire ce genre de confidence. Avec Paul, qui a leur âge et qui leur semble inoffensif, elles ne se sont pas méfiées.

— Faites entrer M. Pierre Cressonnière, Paul.

Il a l'air malade, ce Cressonnière. Malade et emprunté. Je lui dis de s'asseoir et je vérifie avec lui que les renseignements concernant son identité et son âge sont exacts. Il a trente-neuf ans, une épouse au foyer et quatre enfants. Il est aussi sexy qu'une motte de beurre et il a peur. De moi ? Cela ferait rire ma mère qui, lorsque j'ai tendance à me prendre au sérieux, me rappelle avec douceur et ironie que j'ai fait pipi au lit jusqu'à l'âge de sept ans. Puis, je ne dois jamais oublier que, depuis les nouvelles lois, le juge d'instruction n'a plus le pouvoir de naguère.

— Vous êtes un témoin important, dis-je.

— Oh, je ne sais pas grand-chose.

— Récapitulons : à dix-sept heures, le 1er mars, vous sortez du bureau de Simon Liénard au moment même où Françoise Moret y entre. Vous regagnez alors votre bureau.

— J'ai fait un petit détour par celui de Caroline Houdert pour lui communiquer les derniers chiffres de vente.

— Etait-elle seule ?

— Oui. Je ne suis resté qu'un instant. Patrick Cadet, un auteur de polars, m'attendait.

— Revenons au bureau de Simon Liénard. Vous avez déclaré que trois manuscrits fermés se trouvaient à gauche de la table. Et sur la table, vous avez remarqué un manuscrit ouvert.

— Exact.

— Or ce manuscrit ouvert n'était plus là après le meurtre de Simon Liénard. Avez-vous pu voir le nom de l'auteur ?

— Non. J'ai été tenté de le demander à Simon mais je n'ai pas osé.

— Pourquoi ? Pourquoi avez-vous été tenté et pourquoi n'avez-vous pas osé ?

— Je ne vois qu'une réponse : je suis curieux mais je m'interdis d'outrepasser mes fonctions. Or le littéraire ne fait pas partie de mes fonctions.

— Donc, après un court passage chez Caroline Houdert, vous regagnez votre bureau où Patrick Cadet vous attend.

— Hélas ! C'est un bavard impénitent mais il est sympathique. Nous avons bavardé, il a déploré la faiblesse de ses ventes, je l'ai consolé en lui disant que la crise atteignait tout le monde, y compris un best-seller comme Françoise Moret. Et pour me débarrasser de lui, je l'ai accompagné au rez-de-chaussée afin qu'il consulte ses coupures de presse. Là aussi il a été déçu : il en a peu.

— Etes-vous remonté directement jusqu'à votre bureau ?

— Oui.

— Et vous n'avez croisé personne ?

— Si. Un traducteur qui descendait du second où se trouve le bureau d'Ariane Stocker.

— Dans votre déclaration aux inspecteurs de la P.J. vous n'avez pas mentionné ce traducteur.

— Un simple oubli.
— Le nom de ce traducteur ?
— Didier Albert.
— J'ai l'impression que vous avez tous eu de « simples oublis ».
— Nous étions bouleversés.
— Il y avait également deux autres auteurs dans la maison, à l'heure du crime.
— Ils se trouvaient l'un et l'autre au service de presse.
Je disais « l'heure du crime », mais le médecin légiste n'avait pas pu la préciser, le bol alimentaire étant tout à fait digéré. On savait que Simon Liénard avait décommandé son déjeuner avec un journaliste pour rester dans son bureau et manger un sandwich. L'heure du crime oscillait entre dix-huit heures et dix-neuf heures, ce qui était assez flou.
— En somme, tout le monde, y compris les trois auteurs, pouvait passer d'un bureau à l'autre, d'un étage à l'autre sans être remarqué dans cette grande maison.
— Non, pas à cette heure-là.
— Pourquoi ?
— Parce que nous sommes alors peu nombreux et nous pouvons remarquer les allées et venues. Ainsi, au rez-de-chaussée, il est exclu que l'une des personnes qui s'y trouvaient ait pu se déplacer sans être remarquée. La même chose au second où les bureaux sont proches les uns des autres. Mais avant dix-huit heures, là c'est le cirque. Il y a souvent des vols et il est imprudent de laisser des objets de valeur dans les bureaux. Le mois dernier, on a volé le sac de mon assistante.
— Comment vous entendiez-vous avec Simon Liénard ?
— Très bien. Nous étions entrés ensemble dans la maison. C'était un homme agréable.
— Vous faisait-il des confidences ?
— Des confidences ?

Est-il vraiment sot ou joue-t-il les imbéciles ? Il a une tête à gifles.

— Vous parlait-il de Françoise Moret ?

— De ses romans.

— A la P.J. vous avez dit qu'il était las de sa liaison avec elle ; qu'il voulait rompre.

— Il me l'a dit, oui.

— Et elle ? Vous faisait-elle des confidences ?

— Non, jamais !

Il est presque véhément, sa tête se redresse comme celle d'un coq furibond.

— Elle vous parlait tout de même.

— Pour me demander où en étaient ses ventes, mais nous n'avions jamais de discussions personnelles.

— Vous ne l'aimez pas.

— Je ne la déteste pas non plus. Ce n'est pas une femme chaleureuse.

Je me demande ce qu'est pour lui une femme chaleureuse mais je n'ose pas lui poser la question.

— Etes-vous surpris qu'elle ait été mise en examen pour le meurtre de Simon Liénard ?

Il hésite, il a l'air à nouveau malade ; s'essuie les mains avec un mouchoir d'un blanc immaculé, qu'il passe ensuite sur son visage luisant avant de le remettre dans sa poche.

— Oui, je suis surpris. Je ne pensais pas qu'elle irait jusque-là.

— Ainsi, vous la croyez coupable ?

— Ce n'est pas moi qui la crois coupable, c'est vous.

— Je ne crois rien, dis-je. Je poursuis l'enquête de la P.J., j'essaie de comprendre et je suis loin d'avoir bouclé ce dossier. Il me faut d'abord entendre tous les témoins. Avez-vous quelque chose à ajouter ?

— Eh bien...

— Oui ?

— Non, je ne vois rien.

Mais je suis sûre qu'il voulait me dire quelque chose d'important. C'est un lâche, un velléitaire.

— Ce qui me frappe, dis-je, c'est que lorsque vous dites être restés dans vos bureaux, vous les cadres supérieurs, vous en êtes sans doute sortis de temps en temps.

— Nous travaillons. Puis, le téléphone est harcelant, il nous empêche de sortir.

Il gémit presque tant sa voix est molle.

— Vous allez bien aux toilettes tout de même.

— Oui, bien sûr.

— Etes-vous allé aux toilettes, ce soir-là, entre dix-huit heures trente et dix-neuf heures ?

Il se trouble, passe une main très pâle sur ses cheveux brillantinés :

— Oui, répond-il comme s'il avouait un crime.

— Et vous n'avez croisé personne ?

— Pas exactement croisé, mais j'ai cru voir une silhouette dans le bureau de Raymond Houdert.

— Qu'y a-t-il de surprenant ?

— M. Houdert n'était pas venu ce jour-là. Il ne vient que deux fois par semaine depuis qu'il a confié la direction à sa fille Caroline.

— Donc, il y avait quelqu'un dans ce bureau dont le haut de la porte est vitré. Avez-vous pu voir cette personne ?

— N... non, pas précisément. Peut-être une femme, je ne peux pas l'affirmer.

— Pourquoi n'en avez-vous pas parlé à la P.J. ?

— J'avais oublié. C'est seulement aujourd'hui que je me souviens de ce détail.

Il ment, c'est évident.

— Un détail important, dis-je. Essayez de vous rappeler...

— Non, non, je ne veux accuser personne. J'ai cru voir une femme, mais ce n'est peut-être qu'une impression.

— Si vos souvenirs deviennent plus précis, je vous saurai gré de me le faire savoir au plus tôt, monsieur Cressonnière.

— Bien sûr, bien sûr.

Je lui fais signer sa déposition et je lui tends la main. Celle de Cressonnière me paraît étroite et osseuse, comme une chose dont on aurait extrait tout le jus.

Au moment où je me prépare à recevoir Ariane Stocker, un coursier m'apporte un pli : la directrice du département étranger des Editions Raymond Houdert m'envoie un mot d'excuses et un certificat médical. Elle ne peut pas se déplacer : dans la matinée, elle s'est foulé la cheville et doit rester sans marcher pendant quelque temps. J'ai donc une heure de liberté, mon prochain « client », un petit truand récidiviste, ne venant qu'en fin de journée.

J'en profite pour téléphoner à ma mère, qui n'est pas chez elle, mais je laisse un message sur le répondeur. Dehors, le ciel s'est vêtu de bleu et je sais que, chez le gardien du Palais, Caresse doit piaffer, mais j'ai le courage de résister afin d'étudier le dossier Moret.

— Allez faire un tour, Paul, vous avez une heure de liberté.

Il ne se fait pas prier :

— Je vous rapporte une pâtisserie ?

— Non, ne me tentez pas. Il faut que je perde deux kilos.

— Mais vous êtes maigre !

— Parce que vous êtes myope. Filez !

En parcourant la déposition d'Ariane Stocker à la P.J., je m'aperçois que la directrice du département étranger n'a pas parlé, elle non plus, du traducteur qu'elle avait reçu le jour du crime vers dix-huit heures. Curieux oubli, qui s'est répété avec Pierre Cressonnière.

Je n'ai jamais vu Ariane Stocker, mais j'ai entendu parler d'elle tout à fait par hasard, il y a quelques semaines, par un journaliste littéraire, Malo Quéfellec, au cours d'un dîner chez un jeune avocat avec lequel j'ai fait mon droit. Ses propos étaient si méchants, si cyniques que, m'en souvenant fort bien au moment où l'on me confiait le dossier Moret, j'ai téléphoné à mon vieux copain, maître Dominique Fabre, pour lui demander si le journaliste en question n'avait pas exagéré pour amuser les convives.

— Pas du tout, a répondu Fabre. Malo Quéfellec n'est pas une méchante langue. C'est un homme mesuré qui n'avance pas ses pions au hasard. Je vois que tu connais mal ce milieu.

— J'imagine mal, en tout cas, qu'une imbécile arrogante, telle que Malo Quéfellec décrit Ariane Stocker, puisse diriger une collection de livres étrangers.

— Elle n'est pas un cas unique. Connais-tu le principe de Peter ? Plus tu es médiocre, plus ton règne a des chances d'arriver.

— Tu ne vas pas me faire croire que l'édition n'emploie que des cadres sans culture et sans aucune compétence.

— Bien sûr que non. Mais comme dans tous les milieux, se glissent à force de culot et de bassesses des arrivistes sans foi ni loi. Pour se faire nommer directrice de sa collection, Ariane Stocker a d'abord couché avec le vieux Houdert, qui lui a fait faire quelques traductions. C'était si mauvais qu'il fallait à chaque fois les réécrire. Raymond Houdert lui-même en était gêné. Pour pouvoir la garder comme maîtresse, il l'a envoyée aux Etats-Unis et en Angleterre pour de courts voyages afin qu'elle y découvre quelques chefs-d'œuvre à traduire. Son audace a sauvé Ariane Stocker : elle a su s'entourer de fins lecteurs qui ont fait pour elle le travail de recherche. Quand elle est rentrée à Paris, elle a exigé de son vieil amant qu'il lui offre le poste de directrice du département étranger, mettant ainsi au rancart une jeune Américaine très compétente. Tu peux imaginer la révolution aux Editions Raymond Houdert.

— Et que sais-tu de Jérôme Lacarrère ?

— Il faudrait que tu appelles Malo Quéfellec qui le connaît bien. On dit, mais ce sont les « on-dit » du parisianisme, on dit qu'il serait l'amant de Françoise Moret.

— C'est ce que j'ai cru comprendre.

— Tu vas t'amuser avec ce dossier. J'aurais volontiers défendu la belle Moret.

— Trop tard, mon vieux. Il y avait foule pour l'emploi.

— On dit aussi que tu manques d'indulgence pour la séduisante romancière. La laisser moisir en prison, c'est du sadisme.

— C'est de la prudence. Je ne veux plus me couvrir de ridicule. Parce que je suis jeune et vulnérable, j'ai besoin de me protéger plus que tout autre juge.

Est-ce vrai ? Je n'en suis pas tellement sûre. Une chose me semble évidente : le milieu de l'édition et celui du journalisme littéraire me font beaucoup plus peur que celui des truands. Les requins y sont tellement plus coriaces, tellement plus intelligents ! Et finalement plus pervers. L'important c'est de découvrir leur mobile qui, à l'inverse de celui des truands, est rarement l'argent. Je suis de plus en plus convaincue que le meurtre de Simon Liénard n'est pas un crime passionnel. Ce qui n'implique pas pour autant que Françoise Moret ne l'ait pas tué.

Quand Paul revient avec une rose qu'il me tend en rougissant (« ça ne vous fera pas grossir »), je viens de préparer deux convocations : celle de Jérôme Lacarrère et celle de Nicole Liénard, la femme de Simon. Quant à Ariane Stocker, je saurai attendre pour lui faire avouer ce qu'elle a sans doute caché aux policiers. D'après Fabre, elle est franchement détestée de tout le personnel de la maison Houdert, et plus encore de Caroline qui n'a pas osé protester quand Stocker a été engagée : les décisions de son père sont sacrées. Si, à la place de Simon Liénard, on avait tué Ariane Stocker, il est probable que j'aurais eu une bonne douzaine de présumés coupables.

Le lendemain matin, dans le courrier qui m'est adressé au Palais, je trouve une lettre de Guillaume Rochant, et c'est une invitation à dîner. Le culot de cet homme ! Il fait partie des témoins de l'instruction et il ose entrer dans ma vie privée. Mais dois-je l'avouer ? Je n'en suis pas mécontente. Ce type, je l'ai vu deux fois. Je me rappelle parfaitement sa haute silhouette, son sourire charmeur, son vaste front un peu dégarni et ses mains admirables. Je sais son âge, trente-huit ans, et qu'il a été l'amant de Françoise Moret. Que vais-je faire ?

Qui pourrait mieux me conseiller que ma grand-mère ? Je lui parle de Guillaume Rochant le soir même.

— Qu'éprouves-tu ? demande-t-elle.

— Je suis troublée.

— Alors, fonce.

— Non ! Ce serait trop facile.

— Ne sois pas stupide. Tu finiras par céder et il aura l'impression qu'il a réussi à te séduire. Si tu fonces dès maintenant, tu deviendras maîtresse du jeu, et crois-en ma vieille expérience c'est primordial dans une relation amoureuse.

Néanmoins j'hésite encore, mais Guillaume Rochant n'hésite pas, lui, à me téléphoner. Au Palais. Et je dois répondre sous le regard intrigué de Paul et celui, rigolard, du jeune truand qui me fait face et qui a étranglé une vieille dame.

— Etes-vous libre demain soir ? me demande la voix charmeuse.

Si je dis non, il insistera et mes joues qui rosissent deviendront écarlates.

— D'accord.

— Chez Lipp. Je retiens une table. Vingt heures ?

— Vingt heures trente.

En raccrochant, mes mains moites glissent sur le combiné. Béatrice, tu es mon démon.

A peine rentrée chez moi, j'appelle ma grand-mère pour lui dire que je n'irai pas demain soir dîner chez mes parents.

— Alors, c'est fait. Tu acceptes de dîner avec lui.

— Comment le sais-tu ?

— Petite idiote. Je l'ai deviné dès que tu as dit « allô ».

— Je ne suis pas sûre d'avoir raison.

— Oublie donc la raison, c'est si ennuyeux. Sois folle avec talent. Et appelle-moi le lendemain matin pour un compte rendu détaillé. Ne crains pas de me réveiller, tu sais que je dors peu.

Elle dort peu la nuit, mais ma très jeune octogénaire pique souvent du nez sur son assiette à la fin du déjeuner. Confidence de mon père qui est jaloux de l'emprise qu'a sur moi Béatrice.

Question essentielle dès le lendemain : comment vais-je m'habiller pour me rendre à ce dîner chez Lipp ? Si je mets le tailleur que m'a offert Béatrice, Guillaume Rochant va croire que je veux le séduire. J'enfile donc un pantalon en gabardine et un chemisier blanc. Une veste de daim couleur chamois complète l'ensemble. Rien de provocateur. Mais je me maquille soigneusement, comme Béatrice m'a appris à le faire.

Puis-je emmener Caresse ? Oui, car si ce monsieur n'aime pas les chiens, je le raye aussitôt de mes pensées.

Le salaud ! D'une caresse, d'un regard, d'une tape sur le derrière, il conquiert Caresse et l'installe entre nous deux, sous la table, demandant aussitôt au serveur de lui apporter un grand bol d'eau et une assiette de viande, « la meilleure, s'il vous plaît, les boxers ont l'estomac fragile ».

Et voilà. Je plonge dans la mollesse. Guillaume Rochant

étudie minutieusement la carte avant de me proposer plusieurs plats, que je récuse :

— Viande grillée, salade, dis-je.

— Ah oui ? s'étonne-t-il. Votre gourmandise ira jusque-là ?

— Mon régime ne peut pas aller plus loin. Ma ligne non plus.

Il ne se laisse pas faiblir et commande pour lui un bœuf en daube et un bordeaux rouge.

— La justice ne plaisante jamais, soupire-t-il, même quand il s'agit de gastronomie.

— La justice est ce soir en congé. Parlez-moi des romans de Françoise Moret.

— Ils ont du punch, du brio et du charme. Ce n'est peut-être pas de la grande littérature mais c'est honnête et divertissant. D'où leur succès.

— En somme, elle ne ressemble pas à ses romans.

— Je ne ressemble pas non plus aux miens. Un roman est rarement le reflet de celui ou de celle qui l'écrit, c'est plutôt son côté Hyde, Jekyll étant l'auteur lui-même.

— Comment devient-on écrivain ?

— En ce qui me concerne, je ne parlerai pas de vocation parce que je voulais devenir médecin ; plus exactement chercheur. Mais les études étaient trop longues pour que j'obtienne l'appui de mon père qui est professeur d'histoire dans un collège, donc sans grandes ressources. J'ai suivi sa trace dans une boîte privée mais je m'ennuyais tellement dans l'enseignement, pour lequel je n'étais pas fait, que j'ai commencé à écrire mes impressions de prof mélancolique, sans vraiment penser à une publication. Le hasard m'a fait rencontrer, au cours d'un dîner en ville, l'éditeur Raymond Houdert. Nous avons bavardé et il m'a demandé de lui confier mes textes. Deux jours plus tard, il m'appelait pour m'inviter à venir le voir à son bureau. Il m'a conseillé de retravailler ces textes, ce que j'ai fait, et la publication de mon premier roman a été un grand succès d'estime et un plus modeste succès commercial. Le vieux Ray m'avait adopté et il m'a confié la direction d'une collection de documents et d'essais deux ans plus tard.

— Où avez-vous connu Françoise Moret ?

— Chez un producteur de télévision qui cherchait des scénaristes. Françoise Moret avait proposé un sujet qui a été accepté, mais elle refusait les modifications suggérées par le producteur. Quant à moi, j'ai compris très vite que je ne pourrais pas m'entendre avec ce type arrogant et vulgaire. Nous nous sommes retrouvés, Françoise et moi, dans un bar pour déplorer les méthodes du producteur et nous découvrir une attirance commune. C'est ainsi que notre brève aventure a commencé.

— Etiez-vous très épris ?

— Franchement oui. Mais ma passion pour Françoise ressemblait à une maladie incontrôlable. La fièvre est intense ; quand elle tombe, vous êtes pendant quelque temps très faible mais à nouveau intact et complètement étranger à ce qui a suscité cette fièvre.

Je n'ose pas lui parler de mon ex-mari, Jean-Jacques, qui a été pour moi ce que Françoise Moret a été pour Guillaume Rochant. Mais ma maladie a duré beaucoup plus longtemps que la sienne ; peut-être parce que je suis plus fragile que lui.

— Il me semble, dit-il, que le juge d'instruction Florence Larrieu n'a pas tout à fait abandonné sa fonction. Est-ce qu'au dessert nous pourrons avoir une conversation moins orientée ?

— Pas de dessert pour moi. La ligne. Et un café sans sucre.

Il me plaît. C'est indéniable, il me plaît. Et j'ai peur. Seule la pensée de Béatrice me retient de ne pas me lever et prendre congé de Guillaume Rochant.

— Parlez-moi de vous, dit-il.

— Je ne sais pas. J'ai pris l'habitude de poser les

questions et d'écouter les réponses. Je suis une sorte de machine.

— Il ne me viendrait pas à l'esprit de faire la cour à une machine.

— Dieu merci !

— D'ailleurs, les Français (et moi, entre autres Hexagonaux), les Français, dis-je, ont perdu le culte de l'amour et de l'amitié. Plus aucune exigence, plus aucune audace, plus aucune vraie passion. Nous aimons mollement, nous avons l'amitié tiède et égoïste. D'où cette flambée de violence chez les jeunes, pour compenser cette mollesse. Je déteste les gens prudents et lâches qui prétendent respecter la liberté et la discrétion de leurs amis. Il faut bousculer l'amitié ; se montrer exigeant, sincère et même imprudent. Dans amitié il y a amour, seules les finales changent ; mais à faire glisser ces deux mots l'un sur l'autre on obtient une vraie tendresse.

— Quelle profession de foi !

— Je méprise tous ceux qui prétendent être amoureux sans jalousie, sans démesure. L'amour est un sentiment sublime et féroce. Pas de pitié pour l'autre. L'amour est un combat où les opposants rêvent à la fois de tuer et de se sacrifier, de gagner et de perdre. C'est dans ce mouvement de bascule que se situe la vraie passion amoureuse.

— Et vous ? Avez-vous l'amour fou et l'amitié généreuse ?

— Je les ai eus. N'en parlons plus. Que voulez-vous faire ? Un verre quelque part ?

— Chez moi.

J'ai prononcé ces mots sans rougir et en pensant à Béatrice. Mais j'attends la réaction de Guillaume Rochant en baissant la tête.

— Eh bien partons, dit-il après avoir laissé quelques billets sur une soucoupe.

Il est vraiment très grand et je dois lever la tête pour lui parler. Il a pris la laisse de Caresse tout naturellement, et l'ingrate s'est laissé faire sans broncher. Nous montons dans sa voiture, la mienne étant restée devant chez moi. Je lui donne l'adresse et nous nous taisons jusqu'au moment où, ayant réussi à garer sa B.M.W. sur un trottoir, nous entrons chez moi.

— Si vous aimez les appartements bourgeois, vous serez déçu, dis-je. J'ai sacrifié mon confort à ma chienne : je lui ai offert un jardinet et je me contente de deux petites pièces.

— Votre chienne a de la chance, sourit-il en pénétrant dans l'appartement qui n'est pas trop en désordre, Dieu merci. La femme de ménage est venue hier.

Nous nous faisons face et nous rions, histoire de briser une certaine angoisse. Tandis que je vais chercher whisky, glaçons, Perrier et verres, Guillaume Rochant ouvre la porte-fenêtre et fait le tour du jardin avec Caresse qui l'a déjà adopté.

— Peut-on parler d'amour ? m'interroge-t-il en venant s'asseoir près de moi sur le canapé.

— Ce n'est pas nécessaire.

— Vous m'intimidez.

— Ce serait sans doute la première fois qu'une femme vous intimiderait.

— Vous allez me faire souffrir.

— Je n'en crois rien.

— Forcément, vous êtes juge d'instruction : il vous faut, avant tout, des preuves.

— C'est un peu vrai.

— Quel culot !

Puis une grande nappe de silence s'installe. Au bout, j'embrasse Guillaume Rochant qui n'en revient pas ; Caresse non plus qui cherche à nous séparer. Alors nous passons dans ma chambre et je ferme la porte derrière nous, laissant ma chienne gémir doucement.

— Alors ? me demande Béatrice à qui j'avais promis de téléphoner.

— Je n'ai pas le temps de t'expliquer, je file au Palais.

— Un mot, un seul : est-ce fait ?

— Oui.

— Viens dîner ce soir.

J'ai dû dormir trois heures après le départ de Guillaume et je suis courbatue. Caresse boude, j'ai envie de crier ma joie. Et ma fatigue. Madame le Juge n'est pas du tout capable aujourd'hui d'affronter objectivement ses prévenus. Heureusement ce sont des affaires classiques. La routine. Je consulte ma montre toutes les dix minutes, attendant comme une idiote l'appel de Guillaume. Enfin, à cinq heures, j'entends sa voix :

— Je ne peux penser à toi que sans cesse, disait André Gide quand il était amoureux, et je croyais en le lisant que ce vieux con ne faisait que de la littérature. Je m'aperçois aujourd'hui que ce sacré bonhomme parlait vrai. Puis-je vous voir ce soir ?

— Je dîne chez mes parents.

— Oh non !

— J'irai tôt, je partirai tôt. Dix heures chez moi.

Je raccroche en évitant le regard de Paul. Je n'ai même pas envie de dormir.

Je suis arrivée à sept heures du soir chez mes parents et Béatrice s'est aussitôt emparée de moi :

— Ne fatigue pas ta mère, elle n'est pas encore assez forte pour supporter tes confidences. Moi, je peux.

Elle est superbe, la Béatrice. Mon histoire d'amour la rajeunit encore ; si cela continue, son dernier lifting va craquer.

— Eh bien, moi aussi je suis fatiguée, dis-je. Trois heures de sommeil et la nuit prochaine promet d'être aussi courte.

— C'est de la bonne fatigue, celle qui vous rend belle et désirable. Inutile donc de te demander si c'était bien.

— Inespéré.

— Parfait. Et maintenant, ne tombe pas dans la guimauve, c'est le piège classique. Après la nuit prochaine, prends tes distances. Dans certains cas, il faut savoir dire non, même si c'est un oui qu'on a envie de hurler.

— J'ai peur de ne pas pouvoir.

— Tes dossiers vont t'y aider. Enfin, hier encore tu faisais passer tes dossiers avant l'amour, et aujourd'hui tu te laisses couler aveuglément.

— Tu as raison : mes dossiers, et surtout un dossier. Plus vite il sera bouclé, plus tôt je serai...

— Ne dis surtout pas de bêtises, tranche Béatrice. De la dignité et du flair !

11

Pierre Cressonnière s'en voulait. La lâcheté, à la rigueur. La connerie, non. Pourquoi n'avait-il pas parlé à cette charmante femme, madame le Juge, qui avait l'air d'une étudiante sage et qui aurait sans doute été compréhensive ? Après tout, un juge est tenu au secret professionnel, comme les avocats. Il aurait pu lui avouer qu'il avait été l'amant de la petite Corinne Auberton et qu'il continuait sa liaison avec la fille d'un garagiste. De là venait son malheur, la lettre anonyme et les menaces par téléphone.

Il aurait pourtant juré, avant ces menaces, que personne ne connaissait son secret. Corinne elle-même avait intérêt à se taire. Alors qui ? Qui le torturait avec un plaisir sadique ?

Après être allé déjeuner seul dans une brasserie, il revint à son bureau vers quinze heures. Sa femme avait téléphoné ; il la rappellerait plus tard. Pour l'instant il fallait s'occuper des ventes, relancer les représentants et les libraires. La routine. Mais la routine devient insurmontable et haïssable quand on se sent traqué par un ennemi invisible.

Guillaume Rochant entra dans son bureau, s'assit en face de lui et se mit à fumer.

— Ta cigarette, s'il te plaît. Eteins-la.

— Tu ne vas pas obéir aux ordres de cet imbécile de ministre qui, en pleine crise, a joué les gardes champêtres.

— C'est plus simple : je suis nauséeux.

— Le petit juge Larrieu t'a tourmenté ?

— Non. Mais chaque fois que le téléphone sonne, j'ai un début de crise cardiaque. Ce type qui me menace me rend fou.

Rochant eut un grand rire qui se répercuta jusque dans le bureau de Caroline Houdert. Intriguée, Caroline vint rejoindre Cressonnière et Rochant.

— J'ai l'impression d'avoir rajeuni de vingt ans, dit Guillaume, et d'être en période d'examen. Notre prof, le jeune juge Florence Larrieu, est ravissante. Comment fait-on la cour à un magistrat en jupon ?

— Ne sois pas indécent, soupira Caroline, et pense à la femme de Simon.

Depuis l'enterrement de son mari (conduisant le deuil avec ses deux fils, elle avait l'air d'être trop grande pour sa tristesse), Nicole Liénard n'avait vu Caroline Houdert qu'une fois, lorsque cette dernière l'avait invitée à dîner.

— Elle n'est sûrement pas inconsolable, dit Rochant, mais je n'envie pas celui qui la consolera. Comment Simon a-t-il pu épouser cette pisse-vinaigre ?

— Parce que c'était en fin de compte un petit-bourgeois, conclut Caroline. Ce qui n'enlevait rien à ses qualités de directeur littéraire. J'espère que tu feras aussi bien que lui.

— Je n'ai pas encore pris ma décision.

Mais son sourire laissait deviner qu'il acceptait.

— J'aimerais être tranquille pour travailler, se plaignit Cressonnière. Vous pourriez aller bavarder ailleurs.

Quand il fut seul, il appela sa femme en se disant que c'était elle, cette matrone acariâtre, qui était la véritable pisse-vinaigre. Il lui dit qu'il était débordé mais qu'il s'arrangerait pour ne pas rentrer trop tard, ce qu'il lui disait tous les jours sans jamais tenir sa promesse.

Il avait à peine raccroché qu'on l'appela sur sa ligne directe. Il reconnut le chuchotement rauque. On lui rappelait son aventure avec Corinne Auberton et sa liaison avec la fille du garagiste et on lui conseillait d'avoir désormais la mémoire courte. Ce qu'il ne comprit pas. Comme les fois précédentes, on raccrocha avant qu'il ait pu parler. Et qu'aurait-il pu dire ? Il avait perdu tout espoir de démasquer son correspondant. Si c'était un auteur... Mais non. Les auteurs ne pouvaient s'en prendre qu'aux directeurs littéraires et aux directeurs de collection ; à la limite, à Caroline Houdert. Mais elle ne semblait pas inquiète.

Cressonnière s'efforça d'oublier ce coup de fil et prépara ses listes de vente pour le lendemain. Il était dix-neuf heures quarante quand il décida de rentrer chez lui. Guillaume Rochant et Caroline Houdert venaient de partir. L'une des femmes de ménage entrouvrit la porte de son bureau, il fit un signe pour l'inviter à entrer puis se leva, rassembla ses affaires, prit sa serviette et sortit. Il n'y avait plus, dans la maison, que les femmes de ménage et leurs aspirateurs. Le gardien passerait derrière elles pour fermer les portes des bureaux et la grande porte du hall.

En descendant au rez-de-chaussée, Cressonnière entendit une femme de ménage fredonner une chanson de Michel Sardou, la préférée de son épouse. Il se hâta en pensant à l'inévitable scène qui l'attendait. Le parking était à cinquante mètres, et la voiture de Cressonnière se trouvait au deuxième sous-sol. Il négligea l'ascenseur, descendit les deux étages et se dirigea vers sa Renault. Il eut alors l'impression d'une présence derrière lui, mais ce n'était peut-être qu'une manifestation de la peur qui l'habitait depuis quelques jours. Il marcha plus vite, courant presque, et les battements furieux de son cœur l'empêchèrent de guetter à nouveau ce bruit furtif qu'il avait entendu un instant plus tôt. Affalé contre la portière de sa voiture, il chercha ses clés et naturellement elles n'étaient pas dans les deux premières poches qu'il fouilla. Il dut déboutonner son imperméable avant de plonger sa main dans la poche intérieure de sa veste. Il n'avait jamais autant transpiré.

Il souriait à son trousseau de clés quand il reçut le premier coup sur la nuque et il s'affala sur sa Renault. Le deuxième coup l'assomma et lui évita de souffrir quand la lame traversa son corps pour atteindre le cœur.

Il était mort quand on installa son cadavre dans la voiture. Cadavre qui ne devait être découvert que vingt-quatre heures plus tard, en dépit des appels de Maud Cressonnière au commissariat de police de son quartier puis à la P.J.

12

FLORENCE LARRIEU

Il faut que je me calme et me protège des médias. Le meurtre de Pierre Cressonnière m'a propulsée au premier plan, et j'ai beau refuser toute interview, on me fait dire n'importe quoi dans la presse écrite et télévisée.

Les lieux du crime ? J'ai envie d'être grossière : c'est un bordel. La P.J. a été débordée et je plains les techniciens du labo. Quand j'ai été prévenue, à dix-neuf heures, chez moi où je venais de rentrer, par l'inspecteur divisionnaire Serge Garisson, j'ai aussitôt appelé le substitut et nous sommes allés ensemble à ce parking privé envahi par une foule de curieux que les policiers, trop peu nombreux, ne parvenaient pas à refouler. Il a fallu qu'intervienne le commissaire Genty pour que les barrages deviennent efficaces.

Je ne suis pas encore habituée au spectacle d'une mort violente et j'ai constaté que le substitut était aussi pâle que je devais l'être. L'homme qui a découvert le corps habite au-dessus du parking dont un tiers des places est réservé aux cadres supérieurs des Editions Raymond Houdert. Cet homme rentrait de son lieu de travail quand, en garant sa voiture, il a aperçu le cadavre de Pierre Cressonnière dans sa Renault. Il a aussitôt appelé police secours.

D'après le médecin légiste, la mort aurait eu lieu un peu moins de vingt-quatre heures plus tôt, vers vingt heures. Ce qui coïncide avec le témoignage d'une femme de ménage qui a vu partir Pierre Cressonnière vers cette heure-là. L'arme du crime, un poignard ou un long couteau de boucher, n'a pas été retrouvée. J'ai aussitôt délivré une commission rogatoire pour que la P.J. recueille les témoignages des principaux témoins.

Un fou ou une folle sévit aux Editions Raymond Houdert où règne, depuis la mort de Pierre Cressonnière, une incroyable confusion. Des dirigeants aux employés subalternes, tout ce petit monde a peur et entretient cette peur avec une jubilation de mauvais goût. Seuls Caroline Houdert et Guillaume Rochant restent impassibles sinon sereins.

— Il est impossible de travailler normalement, m'a dit Caroline Houdert.

— Toute la maison est devenue la proie d'un délire complaisant, s'est plaint Guillaume que je n'ai pu voir que brièvement.

— Vous devriez relâcher Françoise Moret, m'a conseillé Philippe Goumet.

— Son avocat ne s'est pas encore manifesté, ce qui m'étonne.

— Il va le faire. N'hésitez plus, Florence. Qu'est-ce qui vous retient ?

A vrai dire, je ne le sais pas. Il me semble que, soudain, tout va trop vite. Mais, bien évidemment, s'il y a une personne au-dessus de tout soupçon dans le meurtre de Pierre Cressonnière, c'est Françoise Moret.

— Je vais la convoquer, dis-je, et il est probable que j'accéderai à la demande de son avocat.

Et ma croisière en Grèce ? Le substitut n'a même pas osé m'en parler, et je n'ai pas voulu en discuter avec Guillaume Rochant. Me voici embarquée pour un voyage moins drôle et immobile jusqu'aux grandes vacances. Seule Caresse en bénéficiera, qui va rester près de moi.

Afin de me permettre de travailler à plein temps sur ce nouveau dossier, Paul a repoussé ses fiançailles.

— J'y serais tout de même allée, Paul. Qu'on ne

s'imagine pas que je vais me priver de tout repos et de toute détente.

— Evidemment, dit-il. Mais vous n'auriez pas eu le temps d'aller chez le coiffeur, et vous êtes si jolie quand vous êtes bien coiffée, bien maquillée et bien habillée !

Est-ce la réflexion de Paul ou la perspective de revoir la séduisante Françoise Moret et de pâtir de la comparaison que l'on pourrait faire entre nous deux ? (Guillaume, vous n'êtes pas non plus étranger à cela) je me suis précipitée chez le coiffeur et me voici avec des cheveux courts et bouclés, aux reflets blonds. Cette fois, Paul ne se retient plus : il siffle quand j'entre dans la pièce. Et mes joues s'empourprent, s'harmonisant avec mon nouveau tailleur de printemps.

— Faites entrer Mme Moret et maître Bernardet.

L'avocat sourit ; elle, non. Elle est à peine maquillée et porte un pantalon noir et un pull léger. Elle me dit bonjour comme si je ne le méritais pas.

— Je ne reviendrai pas longuement sur l'affaire Liénard, dis-je.

— Je suppose, madame le Juge, que vous êtes disposée à accorder la liberté à ma cliente...

— C'est exact, maître. Mais je dois auparavant lui poser quelques questions concernant Pierre Cressonnière et Simon Liénard.

Le sourire s'évanouit sur le juvénile visage de maître Bernardet, mais Françoise Moret garde son flegme.

— Madame Moret, le jour où Simon Liénard a été assassiné, vous êtes entrée après Pierre Cressonnière dans son bureau. Vous l'avez donc croisé. Avait-il un manuscrit sous le bras ou entre les mains ?

— Laissez-moi réfléchir... C'est possible, mais j'avoue que j'ai à peine regardé Pierre.

— Mais vous avez eu tout le temps d'examiner le bureau de Simon Liénard.

— Certes.

— Combien y avait-il de manuscrits sur ce bureau ?

— Je n'ai pas compté. Peut-être deux ou trois. Peut-être plus.

— Y avait-il un manuscrit ouvert sur ce bureau ?

Maître Bernardet intervient :

— Si j'ai bien compris, madame le Juge, contrairement à ce que vous avez dit il y a un instant, vous reprenez l'affaire Liénard.

— L'instruction est loin d'être terminée, maître. Je n'ai donc pas fait part de mes conclusions au Parquet.

Puis, à Françoise Moret :

— Pouvez-vous répondre, madame ?

— Vous me troublez. Il me semble, oui, qu'il y avait un manuscrit ouvert sur le bureau de Simon, mais je ne pourrais pas l'affirmer.

— Ce sera tout pour l'affaire Liénard. Madame, connaissez-vous Jérôme Lacarrère ?

— Il ne fait pas partie du personnel des Editions Raymond Houdert que je sache.

— Non, mais il y vient souvent puisqu'il est critique littéraire.

— Je le connais évidemment. Il rend compte régulièrement de mes livres dans l'hebdomadaire où il travaille. Il nous arrive de déjeuner ensemble et de nous rencontrer chez des amis communs.

Françoise Moret regarde ses mains, et maître Bernardet me lance un regard capable de me mutiler.

— En somme, Jérôme Lacarrère est un de vos familiers.

— On peut dire cela.

— On peut dire aussi qu'il est un de vos intimes.

— Si vous y tenez.

— Revenons à Pierre Cressonnière. Avez-vous l'impression que l'un des collaborateurs des Editions Raymond Houdert le détestait ?

— A vrai dire, il me paraissait inoffensif. C'était un

homme qui n'élevait pas la voix, jamais, ce qui est rare dans ce milieu. Il était plutôt conciliant. Sa personnalité ne gênait personne. Comment est-il mort ?

— Poignardé, dans le dos. Comme Simon Liénard.

Pour la première fois je la vois se troubler, mais elle se reprend aussitôt.

— Horrible, dit-elle en regardant maître Bernardet.

— Je suis consterné par cette nouvelle affaire, soupire-t-il.

Mais il n'en a pas l'air.

— Je suppose, madame, qu'il vous est arrivé d'avoir d'autres conversations que professionnelles avec Pierre Cressonnière.

— Des conversations d'ordre privé ?

— Oui.

— J'en ai eu si peu que je ne m'en souviens pas. Bonjour bonsoir, comment vont vos enfants, quand partez-vous en vacances... C'est à peu près tout. Un auteur n'a de véritables contacts qu'avec son directeur littéraire et ses attachées de presse ; avec l'éditeur également, bien sûr. Pour connaître mes ventes, il me suffisait de m'adresser à Simon Liénard qui les suivait quotidiennement.

— Les témoins sont unanimes : depuis quelque temps, Pierre Cressonnière paraissait inquiet. L'aviez-vous remarqué ?

— Non.

— Votre ami Guillaume Rochant qui, lui, l'avait remarqué, aurait pu vous en parler.

— Je ne voyais plus très souvent Guillaume.

Et je sens mes joues s'empourprer.

— Ce sera tout, dis-je. Je vais faire le nécessaire pour la levée d'écrou.

J'ai l'impression d'avoir distribué le bonheur à toute volée. Pourtant, Françoise Moret me dit au revoir comme si, à nouveau, je ne le méritais pas.

13

IL avait dix ans de plus qu'elle, qui paraissait en avoir vingt de moins, et déjà il craignait de la perdre. Mais il était tout de même heureux d'être amoureux de Florence Larrieu. D'un commun accord, ils avaient décidé de continuer à se dire vous dans l'intimité, de peur de se trahir en présence des autres, surtout quand madame le Juge venait aux Editions Raymond Houdert. Où le climat était loin d'être au beau fixe. Car ce n'était un secret pour personne que Caroline Houdert souffrait : son jeune mari s'était entiché de Françoise Moret au point d'en perdre toute prudence.

Voulant aider Caroline, Guillaume Rochant téléphona à Françoise Moret pour lui demander de le recevoir chez elle : un entretien privé.

— Oh, Guillaume, ne me fatigue pas, s'il te plaît. Je sors de prison, je sors d'un cauchemar : j'ai besoin de détente.

— Moi aussi, dit Rochant. C'est pourquoi j'insiste.

Elle céda mais lui donna rendez-vous dans un bar où elle avait ses habitudes et où on ne l'importunerait pas. Le meurtre de Simon Liénard et son incarcération avaient provoqué une publicité dont elle se serait volontiers passée.

Elle s'était installée dans un box, au fond de la salle, et sous la lumière tamisée elle lui parut splendide mais ne suscita en lui aucune émotion. L'émotion, c'était pour Florence.

— Que cherches-tu, Guillaume ?

— La paix pour Caroline. Je l'aime comme une sœur. Je supporte très mal de la voir souffrir. Laisse tomber Bruno.

— Tu le ramasseras ? Je te préviens : il est lourd et encombrant.

— Mais tu t'es servie de lui.

— Je ne lui ai rien demandé. Il est mon avocat.

— Et ton amant.

— Et mon amant, soit. Mais ce n'est ni le premier ni le dernier.

— Ton cynisme ne m'amuse plus.

— Il ne m'amuse pas non plus. Qu'attends-tu de moi ?

— Que, au minimum, tu restes discrète dans ta liaison avec Bruno.

— Je le voudrais. C'est lui qui ne l'est pas.

— Alors quitte-le.

— J'ai besoin de lui comme avocat. Il m'est entièrement dévoué, ce que ne serait pas un ténor du barreau ni même sa patronne, maître Désaleux. Tu oublies que je suis toujours mise en examen.

— Non, mais tu pourrais t'en sortir sans lui. Je suis prêt à témoigner, aux assises s'il le faut, que Simon bluffait quand il prétendait être las de votre liaison. Simon, je le connaissais bien : il s'accrochait, il était fou à l'idée de te perdre.

— Ainsi, tu serais prêt à m'aider. En souvenir de notre propre *love affair*, je suppose ? Tu étais si charmant en amoureux transi.

— Ne te méprends pas, dit-il. C'est pour Caroline que je fais cela. De ma part, aucune nostalgie en ce qui nous concerne. Pour moi, le verbe aimer ne se conjugue jamais au passé.

Elle le regarda en souriant, longuement.

— Guillaume, dit-elle, tu es amoureux d'une autre femme.

— Ne t'occupe pas de ma vie privée, s'il te plaît. Tu as assez à faire avec la tienne.

— Qui s'occupe de la vie privée de l'autre ?

Rochant préféra ne pas insister.

— Ton nouveau roman ?

— Il faut que je fasse des corrections. Quelques passages me paraissent faibles. Mais je n'ai pas eu le courage, jusqu'à présent, de m'y atteler. La prison n'est pas une expérience enrichissante, contrairement à ce que l'on pourrait croire.

— J'ai été nommé à la direction littéraire pour succéder à Simon ; tu le sais ?

— Je m'en doutais. Belle revanche sur l'homme qui t'avait pris Françoise Moret.

Rochant lui lança un regard féroce.

— Il me semble qu'avant les événements, tu avais dit à Simon et à Caroline que ton roman serait bientôt prêt.

— Je le croyais. Mais en le relisant, je n'ai pas été satisfaite. Excuse-moi : j'ai un autre rendez-vous, ajouta-t-elle en se levant. J'essaierai de calmer l'ardeur de mon avocat, c'est tout ce que je peux faire.

Guillaume Rochant resta encore un moment dans ce bar pour penser à Florence Larrieu. C'était la première fois qu'il envisageait de se marier. Madame le Juge lui plaisait totalement. Il était évident qu'elle se ferait prier. Elle avait été mariée très jeune et cette union lui avait laissé une blessure qu'elle cherchait à dissimuler, mais il aurait fallu être aveugle ou sot pour ne pas la deviner. Rochant décida de ne pas la brusquer, de laisser faire le temps (pas trop) et de lui prouver que son amour pour elle n'était pas aussi léger qu'elle pouvait le craindre. Surtout, il fallait attendre que ces deux meurtres qui empoisonnaient les Editions Raymond Houdert aient rapidement leur conclusion.

Quand il revint à son bureau, Caroline l'y attendait.

— Tu déménages, dit-elle. Et ne me dis pas que tu es superstitieux : installe-toi dans le bureau de Simon. Ce qui veut dire, bien sûr, que tu prends la direction littéraire.

— Que va dire Ariane Stocker ?

— Elle n'aura rien à dire. Des cris peut-être. Je m'en charge.

Caroline était restée debout. Rochant constata qu'elle avait maigri et que son visage trahissait sa fatigue et son angoisse. Il lui dit que tout s'arrangerait, sans conviction. Bruno était devenu fou et seule Françoise aurait pu arrêter les choses. Mais cette femme était un démon. Aujourd'hui où il croyait n'avoir pour elle qu'une certaine méfiance, il mesurait à quel point il avait été aveugle et faible.

— De toute façon, dit Caroline, je ne supporterai pas plus longtemps cette situation. Je vais poser un ultimatum à Bruno : s'il s'obstine à me rendre ridicule, s'il ne rompt pas avec Françoise, je demande le divorce.

— Méfie-toi si tu tiens encore à lui car c'est peut-être ce qu'il cherche.

— Ça m'étonnerait. Bruno aime le luxe et l'argent facile. Or ce n'est pas avec ce qu'il gagne qu'il peut se les offrir. Nous avons un compte bancaire commun.

— Imprudent, dit Rochant.

— Généreux de ma part. Mais tout cela va changer. Je suis lasse, Guillaume. La jalousie me brouille le teint et m'empêche de travailler. Ces deux meurtres n'arrangent rien. A qui le tour ?

— Moi, peut-être.

— Ce ne sont pas les deux flics en faction devant la porte d'entrée qui gêneront l'assassin. Il est parmi nous, j'en ai la conviction.

— Ou parmi les auteurs.

— Il me semble que l'enquête piétine.

— Que penses-tu du juge d'instruction Larrieu ?

— Elle est jeune.

— Mais coriace.
— Mais séduisante, dit Caroline.
— Ah oui ?
— Ne me fais pas croire que tu ne l'as pas regardée. Je t'ai vu quand elle est venue dans nos locaux. Je te connais bien, Guillaume, cette petite-là t'a séduit. La façon dont un homme prononce le nom d'une femme quand il est loin d'elle revient à un aveu.
— Ridicule. Je n'irais tout de même pas me jeter dans la gueule du loup. J'aurais trop peur.
— Aurais-tu quelque chose à te reprocher ?
— D'une certaine manière, oui. Je n'ai pas assez bien témoigné en faveur de Françoise. Je savais que Simon mentait en prétendant être las. C'était le contraire, il s'accrochait. On ne tue pas quelqu'un qu'on n'aime plus. On s'en fout.
— Ouais, dit rêveusement Caroline.
— Tu as des doutes ?
— Non, non. De toute façon, je suis mal placée maintenant pour accabler Françoise. Par parenthèse, quelle garce ! Es-tu encore amoureux d'elle ?
— Absolument pas. Guéri comme d'une maladie qui ne laisse aucune séquelle.
— Eh bien, je t'envie.
Elle soupira, se dirigea vers la porte, se retourna avant de l'ouvrir :
— Quand doit-elle te remettre son nouveau roman ?
— Bientôt.
Rochant ouvrit le premier manuscrit d'une pile qui avait été posée sur sa table et commença à lire, mais il n'arrivait pas à se concentrer. Il pensait à Florence...
Deux heures plus tard il s'installait dans son nouveau bureau : celui où Simon Liénard avait été poignardé. Les taches de sang étaient encore visibles malgré les efforts de la femme de ménage pour les faire disparaître. Caroline avait promis de remplacer la moquette et les affiches

qui ornaient les murs. Rochant lut le programme qui l'attendait : comité de lecture le lendemain matin, à dix heures, et réunion avec les représentants l'après-midi, à partir de quinze heures. Autant dire qu'il ne serait pas libre avant dix-neuf heures trente et qu'il ne pourrait peut-être pas voir Florence qui, depuis que sa grand-mère avait débarqué des Etats-Unis, paraissait fascinée par cette vieille dame terriblement jeune.

Ce fut elle qui l'appela. Elle lui donnait rendez-vous chez elle directement. C'était si inespéré qu'il se mit à craindre le pire. Mais non, elle s'était rendue libre, elle le disait nettement sans fausse pudeur. Les hommes sont de curieux animaux, pensa Rochant. Au début, quand Florence se montrait réticente, il ne souhaitait qu'une chose : qu'elle ressemblât à ces femmes libres avec lesquelles on peut avoir une aventure sans problème. Aujourd'hui où elle répondait parfaitement à ce désir, elle l'effrayait un peu. Cette légèreté ne cachait-elle pas une certaine indifférence, une certaine facilité ?

Mais Florence fut assez habile pour qu'il cesse de se poser des questions. Ils convinrent de ne pas se voir le lendemain pour de multiples raisons dont la principale pour l'un et l'autre était que cette aventure allait trop vite, qu'elle les dépassait et qu'ils avaient besoin d'y réfléchir calmement.

Pour la première fois, Guillaume Rochant présidait, avec Caroline Houdert, le comité de lecture. Il s'était couché tard, s'était levé tôt pour terminer la lecture d'un manuscrit dont deux rapports étaient favorables et qu'il trouvait, lui, plutôt médiocre. Les deux conseillers littéraires qui le défendaient, un homme de trente ans et une femme de quarante, tous deux critiques littéraires dans de grands hebdomadaires, tentèrent de protester. Mais Rochant restait sceptique.

— Tu ne veux vraiment pas le publier ? demanda Caroline. Peyron est un auteur de la maison, un écrivain chevronné.

— Mais il se répète, objecta Rochant. Son premier roman était bon, le deuxième beaucoup moins, et le troisième est tout juste passable.

Caroline fit, du regard, le tour de la longue table rectangulaire où étaient assis six conseillers littéraires, le directeur de collection qui avait remplacé Rochant, le nouveau directeur commercial, le chef de publicité, la chef correctrice et une seule attachée de presse, Violaine Janin. Mais personne ne broncha, pas même les deux conseillers qui avaient défendu le manuscrit en question. Puis elle se tourna à nouveau vers le directeur commercial, un blondinet au visage d'enfant :

— Quelles ont été les ventes du dernier roman de Peyron ?

— Cinq mille, retours compris.

— C'est peu, dit Caroline. Qu'en penses-tu, Guillaume ?

— S'il avait fait plus de sept mille exemplaires, j'aurais donné mon accord. Mais avec ce nouveau manuscrit, il n'atteindra pas cinq mille ni même trois mille.

— Bon, refusé. Tu t'en charges, Guillaume.

— Peyron voudra te voir.

— Eh bien, je n'aurai pas le temps.

Jacques Diévant, le plus jeune des conseillers littéraires, eut le courage de protester :

— C'est non seulement cruel mais maladroit. Peyron a peut-être raté ce roman, mais le suivant a quelque chance d'être excellent. Et nous le perdrons comme auteur ; il ira ailleurs.

— Vous n'avez pas lu celui-là, Jacques, dit Rochant. Tenez, prenez-le, lisez-le, et si vous le trouvez bon, je marche, à condition que vous le défendiez jusqu'au bout : service après vente, presse, etc.

Diévant refusa le manuscrit que Guillaume lui tendait :

— Vous me piégez. Vous savez très bien que je serai incapable de défendre jusqu'au bout ce texte.

— Bon, trancha Caroline. Assez perdu de temps avec Peyron. Au suivant.

— Un premier roman, dit Rochant. Trois rapports de lecture tout à fait favorables. L'auteur est un inconnu. Un envoi par la poste. Je l'ai commencé mais je n'ai pas eu le temps de le finir.

Il se tourna vers un conseiller littéraire, Antoine Travis :

— Vous l'avez beaucoup aimé, Antoine. Pouvez-vous nous en parler ?

Travis se fendit d'un sourire et commença :

— C'est l'histoire d'un couple vu par leur animal familier, un chien...

Mais Rochant n'écoutait plus : il pensait à Florence, à sa chienne, à l'élan qu'il avait eu pour cette Caresse, lui que les chiens avaient toujours laissé indifférent. Il eut un regard vers Caroline qui, c'était évident, n'écoutait pas non plus ; elle devait penser à Bruno et à Françoise Moret.

— Bref, conclut Travis, c'est truculent, féroce et très bien écrit.

Caroline se tourna vers Guillaume :

— Tu le prends ?

— Je veux d'abord voir l'auteur. S'il a soixante-quinze ans, je serai moins convaincu. Je vais le convoquer.

— Qu'y a-t-il du côté du département étranger ? demanda Caroline qui n'avait pas encore constaté l'absence d'Ariane Stocker.

Ce fut l'assistante de cette dernière qui répondit :

— Ariane est souffrante. Elle demande que l'on attende le prochain comité pour présenter ses ouvrages.

Personne n'était dupe : la « maladie » d'Ariane Stocker c'était uniquement son immense déception de n'avoir pas été nommée à la place de Guillaume Rochant à la direction littéraire.

Le comité se termina tôt ce matin-là, Caroline Houdert n'étant pas en mesure de le superviser sereinement. Elle avait mis aux trousses de son mari un détective privé plutôt maladroit, que maître Bernardet avait très vite repéré, ce qui n'avait pas manqué de susciter sa colère. Il était préférable, pour le moment, aux Editions Raymond Houdert, de ne pas trop se faire remarquer. Mais il était impossible, dans le cas de Rochant dont le bureau était proche de celui de Caroline, de ne pas entendre les propos lancés comme des couteaux par la directrice et par son mari. Une querelle où personne ne semblait devoir gagner. Caroline brandissait la menace du divorce, Bruno Bernardet accusait sa femme de l'espionner. Caroline venait, en outre, de découvrir un débit considérable dans le compte commun bancaire qu'elle partageait avec son mari, et elle hurlait qu'elle allait faire opposition.

Puis brusquement c'était l'accalmie et maître Bernardet sortait du bureau de sa femme en souriant.

Guillaume Rochant téléphona dans l'après-midi au Palais, mais cette fois c'était pour demander à Florence d'être entendu comme témoin. Elle était si étonnée qu'elle resta un instant silencieuse. Puis elle répondit qu'on le convoquerait pour le surlendemain. Rochant ne fit aucun commentaire.

Le soir, il reçut un appel de Florence chez lui :

— Que signifie cette lubie ?

— Je pense que j'ai été un peu lâche dans mon premier témoignage concernant Françoise Moret. Je voudrais, sinon le rectifier, du moins le compléter.

— Un fait nouveau ?

— Pas du tout. J'ai un petit remords, c'est tout. J'en parlerai après-demain. Vous me manquez. Je vais sombrer en dépression si nous ne dînons pas ensemble demain soir.

— Demain soir, non, j'ai promis à ma grand-mère de l'accompagner au théâtre. Elle a déjà loué les places. Pour elle, c'est une fête. Elle n'est pas allée au théâtre en France depuis dix ans.

— Quelles dames de fer ! vous et votre grand-mère.

— Je vous verrai tout de même puisque vous êtes convoqué au Palais le lendemain à quinze heures.

— Ce sera le supplice de Tantale.

— Etes-vous tous aussi excessifs dans l'univers des lettres ?

— Etes-vous tous aussi mesurés et raides, comme la Justice évidemment, dans la magistrature ?

Florence rit.

— Comment va votre chienne ?

— Elle me trompe avec ma grand-mère.

— Si j'ai bien compris, tout le monde succombe au charme de votre grand-mère. Quand me la ferez-vous connaître ?

— Je ne sais pas. Cela aurait un caractère officiel et je n'y tiens pas.

— Très bien, dit Rochant déçu. Je me contenterai de vous voir au Palais après-demain.

— Ne faites pas l'enfant. Nous nous verrons plus tard.

Mais Rochant se demandait s'il n'était pas en train de galoper tandis que Florence adoptait un trot des plus raisonnables ; sur l'obstacle, il prenait le risque de se briser le cœur.

14

FLORENCE LARRIEU

De peur d'être trop isolée au sein de la famille de Paul et de celle de sa fiancée, j'ai eu le culot des faibles : j'ai demandé à mon greffier si je pouvais amener à ses fiançailles ma grand-mère qui venait de débarquer des Etats-Unis. Paul m'a dit qu'il en serait très heureux, et croyant sans doute qu'il s'agissait d'une petite vieille semi-impotente, il a ajouté :

— On la soignera bien, votre mémé, on lui donnera un bon fauteuil et, s'il le faut, un menu spécial.

Aussi quand il a vu arriver Béatrice en tailleur Chanel, droite comme l'Obélisque, le visage remarquablement fardé sous le grand chapeau à la Garbo dans *La Reine Christine,* il n'a pu retenir un cri d'admiration :

— Grands dieux ! C'est une star, votre grand-mère. Elle va éclabousser ma fiancée.

Béatrice était ravie. Depuis la veille, elle se préparait. Je l'avais prévenue :

— Ce sont des gens simples, la vraie France, le vrai Paris populaire. Je t'en supplie, ne leur raconte pas ta vie.

— J'adore les petits-bourgeois, disait-elle en se frottant le dessus des mains avec une pommade américaine qui estompe les tavelures inévitables du grand âge. Sais-tu pourquoi ? Ce sont les seuls qui savent faire de vraies fêtes comme autrefois. Ils ne nous offrent pas ces amuse-gueule immangeables que proposent les nouveaux riches avec un mauvais champagne. Non. Ce sont de vrais repas avec de grands crus. Ils mettent, comme ils disent, les petits plats dans les grands. Je suis sûre que pour ton mariage tes parents n'ont organisé qu'un lunch insipide.

— Quelle importance ?

— Bien sûr, tu n'aimes pas les plaisirs de la table, ni les autres peut-être. Florence, tu me navres.

Les plaisirs de la table, Béatrice les apprécie hautement chez les parents de Céline, la fiancée de Paul. Un grand déjeuner de vingt couverts, avec sept ou huit plats, je renonce à les compter après le troisième. On a placé Béatrice à la droite du père de la fiancée et moi en face. Et le spectacle commence : ma grand-mère est intarissable. Sachant par moi (et c'est à peu près tout ce que je sais) que les parents de Céline sont droguistes, elle se lance :

— Mon troisième mari était lui aussi un commerçant qui dirigeait un petit hôtel-restaurant (euphémisme pour celui qui possédait une chaîne d'hôtels quatre étoiles) et si nous avions eu un fils — hélas, ce bonheur ne m'a pas été donné — j'aurais aimé qu'il fût droguiste. C'est si étonnant la droguerie, c'est la porte ouverte sur tous les rêves...

J'ai l'audace de lancer un léger coup de pied à Béatrice, qui me le rend avec férocité. Le droguiste est aux anges.

Au dessert, ma grand-mère réussit à le faire lever pour qu'il nous chante un succès de son époque. Il a le bon goût de choisir une chanson américaine de Frank Sinatra, dont Béatrice reprend avec lui le refrain. Elle est légèrement grise, comme la plupart des convives, les grands crus n'ayant pas été mesurés.

Puis, brusquement, après s'être comportée pendant tout le repas comme une jeune femme, elle se lève :

— Je dois rentrer. A mon âge, il faut savoir être raisonnable. Il faut savoir terminer une cérémonie particulièrement réussie.

A ma grande confusion, elle est applaudie. Paul, qui est carrément ivre, veut nous raccompagner jusqu'à ma voiture, mais Céline (déjà autoritaire) lui conseille d'aller boire un second café. J'ai à peine eu le temps de la regarder, la star étant bien entendu Béatrice. Céline a un visage rond, de beaux yeux dorés et intelligents, et un grand rire sain. Paul est très fier de sa fiancée qui, elle, semble l'être beaucoup moins.

— Elle le trompera dès qu'elle en aura l'occasion, me dit Béatrice dès que nous sommes dans ma voiture.

— Pauvre Paul. J'espère que ce ne sera pas le cas sinon ce serait l'enfer au bureau. Pourquoi t'es-tu décidée si brutalement à partir ? Tu t'ennuyais ?

— Non, mais j'étais un peu fatiguée. Je préférais m'éclipser avant que les autres s'en aperçoivent.

— Tu as dégusté tous les plats ou presque, c'est dire que tu as mangé deux fois plus que moi. Comment fais-tu pour garder ta taille fine ?

— J'attends d'être rentrée chez moi, en l'occurrence chez tes parents, pour mettre deux doigts au fond de ma gorge et vomir. Une recette de mon cher Charles.

Elle me tue.

15

QUAND Guillaume Rochant entra dans le bureau de madame le Juge, il était résolu à se montrer poli, sans plus. Elle portait une robe claire, ses cheveux étaient bien coiffés, son maquillage discret, et elle faisait un effort pour ne pas sourire. Rochant eut un regard pour le greffier, un regard qui le rassura : ce gringalet n'avait rien d'un séducteur.

— Asseyez-vous, dit Florence en consultant son dossier. Vous avez demandé à témoigner concernant le meurtre de Simon Liénard.

— Plus exactement concernant le mobile de crime passionnel attribué à tort à Françoise Moret.

— Pourquoi à tort ?

— Parce que Françoise Moret n'aimait plus Simon Liénard, en admettant qu'elle l'eût jamais aimé.

— Qu'en savez-vous ?

La réplique avait été lancée par une Florence véhémente. Rochant retint un sourire.

— Je la connais bien.

— Précisez, s'il vous plaît.

— Ce n'est pas une femme qui s'accroche, bien au contraire.

Il y eut une petite toux sèche du côté du greffier. Le silence de Florence plut à Rochant. Mais elle se reprit très vite :

— Une femme se comporte différemment selon les

hommes qui sont ses amants. Avec vous, elle était désinvolte. Avec Simon Liénard, elle avait peut-être plus à perdre.

— Non.

— Pourquoi ?

— Parce que j'avais reçu ses confidences. Parce que c'était évident. Parce que Simon souffrait d'autant plus qu'il cherchait à donner le change. Alors je ne vois pas pourquoi Françoise Moret aurait tué un homme dont elle était lasse et qui ne pouvait plus rien lui apporter.

— C'est une interprétation toute personnelle, cher monsieur, ce n'est pas une preuve.

— Mais où sont les preuves dans cette affaire ? Les « on-dit » de deux ou trois personnes que Simon Liénard avait bluffées en prétendant vouloir quitter Françoise Moret alors que c'était le contraire ; le témoignage meurtrier, je dis bien meurtrier, de la standardiste qui passe son temps à bavarder avec les emballeurs et les coursiers, ou à se maquiller, et qui n'est pas du tout sérieuse. De cela, je peux témoigner.

Rochant avait lancé sa tirade avec une fougue qui ébranla Florence et même Paul. Je vais trop loin, se dit-il, mais tant pis.

— Vous m'étonnez, dit Florence. Ce témoignage arrive bien tard. Pourquoi ne l'avez-vous pas fait dès le début de l'enquête ?

— Parce que je suis lâche, madame le Juge. Est-ce un crime ?

— Pas exactement. Avez-vous d'autres révélations importantes ?

— J'ai reçu deux lettres anonymes.

Guillaume Rochant les fit glisser sur le bureau de Florence, qui en prit connaissance. La première se limitait à une phrase : « Tu as intérêt à dire la vérité sur ta tentative de suicide. » La seconde était encore plus courte : « Méfie-toi. »

— Et naturellement, vous n'en avez rien dit aux policiers, soupira Florence.

— Je les ai reçues après l'enquête de la police.

— Je vois. C'est le genre de lettres que tout meurtre fait fleurir.

— Mais pourquoi moi ?

— C'est à vous de le dire.

— J'en suis incapable, madame le Juge.

— Tairiez-vous à nouveau un fait important à la justice, monsieur Rochant ?

Le ton de Florence fit se retourner le greffier, qui regarda madame le Juge. Elle souriait, elle avait perdu sa raideur, il se passait quelque chose qu'il ne comprenait pas.

— Je vous ai tout dit, madame le Juge.

— Bien. Vous allez signer votre déposition après l'avoir relue.

Tandis qu'elle résumait pour Paul cette déposition, Rochant essaya de capter le regard de Florence, mais elle avait repris son air compassé, et il sortit du bureau très déprimé. Cette jeune femme ne cessait de le déconcerter. Il était orphelin de ses rêves.

16

FLORENCE LARRIEU

JOUER les coquettes ne me réussit pas. J'ai peur. Peur de perdre Guillaume. Peur de moi. Peur de lui. J'ai rêvé la nuit dernière qu'il avait tué Simon Liénard parce qu'il ne supportait pas que Liénard l'ait remplacé dans le cœur et dans le lit de Françoise Moret. Un mobile en or qui m'a fait crier d'angoisse. Caresse, au pied de mon lit, avait l'air bouleversé.

Je ne suis pas faite pour les aventures amoureuses. J'ai été trop meurtrie la première fois, la blessure ne sera jamais cicatrisée. Le destin ne devrait pas être un justicier.

C'est ce que je dis à Béatrice quand je lui apporte, dans sa chambre, le plateau de son petit déjeuner. Elle est stupéfiante, ma grand-mère : elle ne m'autorise à entrer qu'après avoir fait sa toilette et poudré son visage si remarquablement jeune. Quelle coquetterie ! J'imagine à peine ce que ce devait être il y a quelque quarante ou cinquante ans, quand elle faisait des ravages à Paris et aux Etats-Unis. Ma mère a toujours été réticente quand je lui demandais de me parler de la jeunesse de Béatrice. J'ai cru comprendre qu'elle avait dû souffrir de voir cette mère « constamment en représentation », disait-elle. Quand, à son tour, ma propre mère a eu l'âge de plaire aux hommes, Béatrice l'a tenue à l'écart, l'envoyant dans un collège suisse puis en Angleterre où la jeune fille, qui devenait ravissante, a pu flirter sans jamais se dévergonder (par réaction sans doute aux mœurs de Béatrice). Quand enfin, elle a rencontré mon père dont l'âge lui faisait peur (il avait quelques années de moins qu'elle), sa mère l'a poussée à se marier au plus vite, de peur que ma propre mère n'épouse un quadragénaire chauve et fatigué qui vieillirait impitoyablement la belle-mère.

— Tu n'as pas bonne mine, me dit Béatrice. Attends que je mette mes lunettes... eh oui, j'en ai besoin.

Il doit y avoir quelque trente ans qu'elle en a besoin, mais c'est le style Béatrice.

— Oh ! là ! là ! dit-elle après avoir ajusté ses lunettes américaines en forme de papillon géant. Pâle, et ces yeux cernés ! Dors-tu, au moins ?

— Pas assez.

— Il faut tout de même dormir sinon tu vas perdre ta fraîcheur et ta beauté, et alors le jeune homme...

— Il a trente-huit ans, Béatrice.

— C'est bien ce que je dis : le *jeune* homme.

— Qu'arrivera-t-il, ma chère Béatrice ? Je vais te le dire : il sera plus pâle que moi et plus fatigué puisqu'il a dix ans de plus que moi.

— Ne dis pas de sottise. Tu sais bien que les hommes ne vieillissent pas comme nous. Où en es-tu ?

— Je freine.

— Bien.

— Mais c'est terrible de freiner. Ça fait souffrir.

— C'est de l'excellente souffrance, à condition que l'autre souffre plus que toi.

— Justement, je n'en sais rien. Et j'ai peur.

— De quoi as-tu peur, bécasse ? Le poisson est ferré.

— Mais le poisson est peut-être un requin.

Je lui rapporte la dernière déposition de Guillaume tout en m'insultant intérieurement de bafouer ainsi le secret de l'instruction.

— Je ne te comprends pas, dit Béatrice après avoir réfléchi. Ce garçon est franc, il t'avoue qu'il a été l'amant de Françoise Moret, et, entre nous, heureusement pour toi qu'il a eu quelques aventures avant de te connaître. A son âge !

— Je croyais que tu le trouvais jeune.

— Pour moi, dans l'absolu. Ne me fais pas dire n'importe quoi. Et puis être l'amant d'une femme belle et célèbre, c'est plutôt flatteur.

— Pour lui ou pour moi ?

— Pour les deux.

— Béatrice, c'est peut-être un assassin.

— Tu as trop d'imagination.

— Hélas non ! Je raisonne juste. Primo : Guillaume a été plaqué au profit de Simon Liénard. Secundo : grâce à la mort de Liénard, il est devenu directeur littéraire. Tertio : il a attendu que Françoise Moret soit libérée pour venir déclarer officiellement qu'elle voulait quitter Simon Liénard. Voilà un ensemble de mobiles incontestables.

— Mon Dieu, soupire Béatrice, tes parents n'auraient jamais dû te laisser choisir cette profession. Ça gâche tout.

— J'oubliais : il m'a montré deux lettres anonymes qu'il *aurait* reçues, le menaçant. Mais là aussi il a attendu longtemps avant d'en parler. Il a pu se les envoyer lui-même après m'avoir séduite dans l'espoir d'influencer mon jugement.

Tandis que je m'inquiète, Béatrice ne se laisse pas faiblir : ses œufs à la coque, ses toasts beurre-confiture-miel, ses croissants, son thé de Chine parfumé à l'orange, tout cela est promptement englouti.

— Ces petits déjeuners français sont très légers, observe-t-elle en repoussant son plateau. Dommage pour ton assassin : il avait l'air sympathique.

— Béatrice, tu te fous de moi.

— Il le faut bien. Tu es si amoureuse de ton Guillaume que tu fantasmes à tort et à travers.

— Je dois le voir ce soir.

— Dîne avec lui, mais pas la suite. Dis-lui que tu es fatiguée. Est-ce que le coup de la migraine marche encore en France ? Aux States, c'est périmé.

— La fatigue, ça suffit, dis-je avec un brin de nostalgie.

— Et fais-le parler. Après tout, c'est ton métier.

— Il va se méfier. C'est un homme très intelligent.

— Les hommes intelligents deviennent très bêtes quand ils sont amoureux.

— Quand ils sont amoureux, peut-être. Mais si Guillaume ne me voit que pour tenter de fausser mon enquête ?

Béatrice reprend ses lunettes-papillon pour mieux me regarder :

— Florence ! s'écrie-t-elle. Vous avez fait l'amour ensemble. Alors, ne me dis pas que tu ne t'es pas rendu compte de ce qu'il éprouvait.

— Ça ne veut pas dire grand-chose, Béatrice. En France, je te jure que ça ne veut rien dire.

— Ma petite fille, j'ai connu la France et les Français avant toi, et je peux t'affirmer que partout dans le monde c'est le même scénario : on ne peut juger un homme que lorsqu'il est nu et en rut. Je t'en prie, ne rougis pas, tu me rappelles ta mère à ton âge.

Je l'embrasse, je suis en retard, j'emporte son plateau, son parfum (celui de Marilyn, le N° 5 de Chanel) et ses recommandations pour ma soirée. Je l'aime cette Béatrice hors du temps parce que toujours moderne. Je vais également embrasser ma mère qui ne me pardonnerait pas d'y manquer.

— *Elle* ne t'a pas trop ennuyée ?

— Mais non. Béatrice est épatante.

— Elle me fatigue un peu, tu sais.

— Maman, c'est ta mère !

— C'est ce que je ne cesse de lui répéter, intervient mon père qui lui aussi est trop parfumé pour être honnête. Je peux te déposer au Palais ?

— Non merci, j'ai ma voiture.

Caresse piaffe. Elle n'aime pas que nous couchions chez mes parents car alors son jardin lui manque, et il va falloir que je la promène un long moment pour me faire pardonner avant de la confier au gardien du Palais.

Plusieurs dossiers m'attendent, qui ne concernent pas les affaires Liénard et Cressonnière : un viol, un trafic de drogue, un hold-up dans une bijouterie. Je parviendrai peut-être à m'y intéresser suffisamment pour balayer cette angoisse insidieuse qui s'est glissée en moi depuis mon cauchemar de la nuit dernière. J'ai peur de revoir Guillaume mais je sais que, s'il ne venait pas à notre rendez-vous de ce soir, je m'effondrerais.

Il est là, presque beau, presque romantique, tout à fait séduisant à mes yeux qui ne savent pas tricher. Un homme. Un amant fougueux et tendre. Un écrivain subtil (j'ai dévoré le roman qu'il m'a donné).

Le faire parler, Béatrice ? Inutile. Il a pris la parole dès que je l'ai rejoint dans ce bistrot tranquille du Marais où il habite, et il ne la quitte plus. Il évoque son enfance à Asnières, dans un quartier populaire, entre un père professeur d'histoire dans un collège, une mamma d'origine italienne, et un très jeune frère qui voulait être médecin comme lui, Guillaume. Puis la mamma souffrant d'un asthme gravissime et mourant au cours d'une crise, le père effondré, le fils aîné renonçant à la médecine pour entrer dans l'enseignement privé puis aux Editions Raymond Houdert, et apportant au jeune frère le soutien financier nécessaire pour devenir médecin.

— Banal, conclut-il. Mais mon père, mon frère et moi, nous avons vécu ces moments-là dans une complicité affective intense et inoubliable.

— Et l'ambition ?

— Quelle ambition ?

— La littérature, d'abord, quand vous êtes devenu romancier, puis quand vous avez été nommé directeur littéraire.

— Le hasard. Je n'ai rien sollicité, jamais. Le hasard s'est transformé en destin.

— Et la passion pour Françoise Moret ?

Il sourit :

— Seriez-vous jalouse ?

— Je ne sais pas. Etiez-vous jaloux quand vous aimiez Françoise Moret ?

— Si je réponds non, vous prétendrez que je mens et vous aurez sans doute raison. Toute vraie passion a pour corollaire la jalousie. Etes-vous satisfaite ?

— Non.

— Même si je vous dis qu'aucune femme autant que vous n'a suscité ma jalousie et mon besoin de possession exclusive ?

— Votre déformation professionnelle m'afflige parce que vous parlez comme un mauvais roman alors que vous en écrivez d'excellents.

— Touché, dit-il. Où voulez-vous dîner ?

— Tout près d'ici si c'est possible. Je suis très fatiguée, je me coucherai tôt.

J'ajoute en me levant : seule. Mais d'une toute petite voix qui n'a pas l'air de l'émouvoir.

Nous échouons dans une brasserie sans intérêt, dont le menu, qui l'est encore moins, ne nous impressionne pas : nous n'avons pas faim. Je dois jouer une partie serrée et je m'en sens incapable.

— Vous avez un problème, dit-il en se penchant vers moi, m'envoyant les effluves de son eau de toilette qui est la même que celle de mon père.

— Certes, j'ai un problème professionnel. J'aimerais pouvoir boucler l'affaire Liénard-Cressonnière. Et je piétine.

— N'est-ce pas trop lourd pour vous cette affaire ?

Ce petit ton protecteur et la bouteille de sancerre qu'il a commandée sans me consulter me redonnent ce tonus que j'étais en train de perdre.

— Un homme serait plus compétent, c'est ce que vous voulez dire ?

— Pas du tout. Je vous en prie, ne me prenez pas pour un macho. Simplement, je déplore avec une grande part d'égoïsme que vous soyez si absorbée par vos dossiers. J'aurais aimé vous emmener loin de Paris pour un week-end.

— Il n'en est pas question.

— Jamais ?

Je flanche, je me noie dans ses yeux qui ont la couleur d'un ciel serein.

— En tout cas, pas avant que ces dossiers soient en bonne voie.

— Si je pouvais vous aider !

— Je préfère ne pas parler en privé de ces deux affaires. Ce qui devrait vous paraître normal.

— Je vais peut-être vous sembler monstrueux mais je serai franc : il m'est impossible de regretter le meurtre de Simon Liénard.

Mon cœur, ce muscle imbécile, se déchaîne.

— Pourquoi ? dis-je d'une voix blanche.

— Parce que sans ces événements regrettables pour les autres, je ne vous aurais pas connue.

— Ne plaisantez pas, dis-je, soulagée.

— En ai-je l'air ?

Je préfère ne pas répondre. Nous piochons mollement dans nos assiettes où un amas de frites jaunâtres me semble insurmontable. Il me faut quelques verres de sancerre pour venir à bout d'un petit quart et de quelques bouchées de rumsteck. Le reste va sous la table où Caresse attend sagement de jouer les poubelles.

— Je vais vous faire une confidence, dit Guillaume.

— Je vous écoute.

— Je connais le nouvel amant de Françoise Moret.
— Pourquoi me dites-vous cela ? Nous ne sommes pas au Palais.
— Je tiens à vous aider. Il s'appelle Jérôme Lacarrère, il est journaliste spécialisé dans la critique littéraire. Il travaille pour un hebdo à grands tirages. Trente-trois ans, joli garçon, joueur impénitent. J'ai participé un soir à une partie de poker où il a perdu cent vingt mille francs. Il est couvert de dettes mais sympathique.
— Et alors ?
— Faites-en votre profit.
— Je savais qui était Jérôme Lacarrère.
Guillaume me jette un os à ronger mais je m'efforce de n'être pas dupe et il le comprend fort bien. Est-il si important ce Jérôme Lacarrère ? D'une certaine manière, oui, puisque Françoise Moret n'a pas voulu révéler son nom. J'ai pensé et je pense encore que c'est par souci de ne pas le compromettre. Une crise sévère sévit dans les journaux, même les plus grands. Et Jérôme Lacarrère a moins qu'un autre besoin d'être compromis puisqu'il est couvert de dettes.
— Est-ce un critique important ce Lacarrère ?
— Il a une bonne plume et il a toujours favorisé Françoise. Mais ce n'est pas un homme sérieux, je le répète. Il est capable de tout pour de l'argent.
— Tuer, peut-être ?
— Je n'ai pas dit cela ! Qu'avez-vous à la fin ?
— Rien. Fatigue.
— J'ai l'impression que vous vous méfiez de moi.
— Déformation professionnelle.
Il avance à nouveau sa tête vers moi et nous nous observons en silence. Inutile de préciser ma pensée : il la connaît, il l'a devinée.
— C'est énorme, vous savez. C'est monstrueux.

Inacceptable. Je vous prouverai bientôt à quel point vous vous égarez. J'ai besoin d'un peu de temps pour réunir les preuves.

Il demande l'addition et je me mets à paniquer : nous allons nous séparer sur un malentendu suscité par une peur imbécile.

Imbécile ?

C'est ce dont j'essaie de me persuader pour alimenter ma lâcheté car je suis prête à capituler pour ne pas le perdre ; pour, au moins, passer encore une nuit avec lui. Demain il fera jour et je me reprendrai. Mais ce soir sans lui serait un autre cauchemar.

— Je vous raccompagne ? dit-il.

— Inutile, j'ai ma voiture. Allons prendre un verre chez vous.

— Chez moi ?

L'étonnement n'est pas feint.

— Oui. Est-ce inconvenant ?

— Non, mais en désordre.

Il sourit, il a gagné, et moi je perds en me demandant de qui j'ai hérité cette attirance pour des hommes équivoques, qu'il s'agisse de mon ex-mari ou de ce Rochant. Béatrice, si je l'interrogeais, me répondrait probablement que je suis ô combien la petite-fille de ma grand-mère maternelle. Mais c'est une piètre consolation.

— C'est à deux pas, me dit Guillaume en me prenant par le bras.

Caresse nous suit, résignée et repue. La rigueur de madame le Juge vient d'en prendre un coup car Guillaume a ouvert les bras et je m'y engouffre.

17

CAROLINE Houdert pleurait. C'était la première fois que Guillaume Rochant la voyait baisser les bras, devenir une femme fragile ressemblant à tant de femmes fragiles... et d'hommes. Il se sentait dépassé, n'osant pas la prendre dans ses bras, et pourtant elle avait fermé à clé la porte de son bureau. Caroline s'effondrait et Rochant n'aimait pas cela.

— Que puis-je faire ? demanda-t-il.

— Rien. M'écouter gémir, me regarder pleurer. Je suis très seule, tu sais. Mon père ne comprendrait pas, ou pis, il triompherait : il déteste Bruno.

— Si tu prends une décision, il faut t'y tenir, sinon tu perdras définitivement.

Elle s'essuya les yeux, ouvrit son poudrier, se regarda avec une grimace et essaya de réparer les dégâts.

— Le divorce, dit-elle.

— Une manière de vengeance.

— Bien sûr. Je ferai bloquer dès demain notre compte commun bancaire. Maître Bernardet devra trouver d'autres causes à défendre que celle de Françoise Moret.

— A propos, elle m'a téléphoné. Son manuscrit sera prêt à la fin de la semaine.

— Si c'est un nouveau best-seller, cela lui permettra d'offrir à Bruno le luxe dont il a besoin.

— Je n'ai pas l'impression qu'elle se laissera attendrir. Françoise regarde ailleurs.

— Comment le sais-tu ?

— La rumeur. Alors il me semble que si tu étais patiente, tu pourrais peut-être récupérer ton avocat préféré.

— Non. Il m'a tuée. Je suis une femme morte.

— Pas tout à fait, dit Rochant en l'embrassant. Tu es chaude, tu es belle, tu es jeune, tu peux séduire qui tu veux.

— J'ai séduit Bruno. Et tu vois où j'en suis.

— Tu m'as préféré Bruno, et tu vois où j'en suis.

Il avait réussi à la faire rire.

— Sérieusement, tu avais quelque chose pour moi ?

— Quelle modestie ! C'était beaucoup mieux que quelque chose.

— Rastignac !

— Et voilà les femmes modernes : quand on leur dit qu'elles vous plaisent, elles ne vous croient pas et vous traitent d'arriviste ; quand elles sont plaquées, elles retrouvent leur féminité pour pleurer.

— Fous le camp, dit gentiment Caroline. J'ai un retard considérable dans mon travail.

— Moi aussi.

En sortant du bureau de Caroline, Rochant croisa Ariane Stocker qui lui jeta un regard meurtrier.

— Le gros chagrin est terminé ? fit-il.

— Méfiez-vous : il se pourrait que la chance tourne pour vous.

— Je ne crains pas le vertige, ma belle.

— Allez vous faire foutre, Rochant.

— Là, c'est bien, vous retrouvez votre vocabulaire initial. La vie est belle.

Elle n'insista pas et s'enfuit. Rochant s'enferma dans son bureau pour rédiger deux prières d'insérer, tâche indispensable qu'il détestait. Au lieu d'écrire, il se mit à penser à la nuit passée avec Florence. Un ravissant petit corps, beaucoup plus sensible aux caresses qu'il ne donnait à imaginer lorsque madame le Juge assumait ses fonctions dans son bureau. Ils avaient fait l'amour avec une fougue et une audace qui l'avaient enchanté. Puis Florence s'était levée, et tandis qu'elle se rhabillait :

— Qu'appelez-vous des prières d'insérer ?

— Un cauchemar pour celui qui les rédige. Ce texte imprimé, que l'on insère dans les exemplaires envoyés à la presse, doit être un bref aperçu du livre, de son contenu, de ses qualités littéraires ; de son intérêt pour le lecteur exigeant et pour celui qui ne cherche qu'un moment d'évasion, bref c'est un habile mélange de critique non objective et de formules publicitaires. Trouver le ton juste tient du miracle.

— Est-ce que les journalistes le lisent ?

— Non seulement ils le lisent mais certains d'entre eux se contentent de le reproduire, à la virgule près, en guise de critique dans leur canard. Au début de sa carrière, Simon Liénard rédigeait des prières d'insérer éblouissants. Puis il s'est mis à les bâcler. Tenez, on pourrait retrouver la date exacte où Françoise Moret a commencé à se lasser de lui en relisant les prières d'insérer de Simon : c'est au moment où ils sont devenus médiocres.

Il avait voulu la raccompagner, mais Florence avait protesté, reprenant sa chienne et son air méfiant.

Rochant fut interrompu dans l'évocation de ses souvenirs par un appel de Bruno Bernardet qui, lui aussi, donnait l'impression d'être en plein marasme.

— Comment est-*elle* ? demanda Bruno.

— Pas au mieux de sa forme. Tu déconnes.

— Déjeunons ensemble.

Rochant avait prévu d'aller dormir deux heures chez lui pendant la coupure du déjeuner.

— J'ai du travail, dit-il.

Mais Bruno insistait :

— C'est important, mon vieux.

Rochant se dit qu'il partagerait en deux : une heure

pour le déjeuner avec Bruno, une heure pour le sommeil. Il donna rendez-vous à l'avocat à deux pas de chez lui, dans la brasserie où il avait dîné la veille avec Florence. Puis il expédia ses deux prières d'insérer en se reprochant de commencer très mal ses fonctions de directeur littéraire.

Quand il rejoignit Bruno à la brasserie, l'avocat avait déjà bu une demi-bouteille de champagne.

— C'est encore plus cher que du whisky, remarqua Rochant. Ça ne marchera pas sur ma note de frais. Le vieux Ray les épluche depuis la crise, et si j'ai le malheur de signaler le déjeuner avec toi, il la rejettera en bloc.

— Ne m'emmerde pas avec le vieux, grogna Bruno. J'ai déjà assez d'ennuis avec sa fille. Elle t'a raconté ?

— Oui, mais je ne sais pas tout. Je suppose que c'est encore plus sordide, non ?

— Françoise couche avec ce type, ce Lacarrère.

— Il me semble que tu étais d'accord.

— Au départ et uniquement pour rassurer Caroline, Lacarrère devait jouer le rôle d'amant en titre. Un chandelier. De la frime. Mais la garce, qui depuis longtemps couchait avec ce salaud, y a pris goût, et aujourd'hui le chandelier c'est moi.

— Amusant.

— Je t'en prie ! J'ai envie de hurler. Je ne savais pas que ça existait. Je décolle, je suis fou, cette femme m'occupe entièrement. Je dis bien « occupe » car je suis incapable de travailler sérieusement.

— Il va le falloir pourtant, mon vieux. Caroline te coupe les vivres, elle va demander le divorce.

— J'ai encore une carte à jouer.

— Laquelle ?

— Tu voudrais bien le savoir, mon salaud.

— Quelle idée, soupira Rochant, de coucher avec sa cliente.

— C'est moins dangereux qu'avec une femme juge.

Rochant frémit mais resta calme :

— Ragots de couloir.

— Si tu veux. De toute façon, nous sommes tous dans le bain.

— Quel bain ? Cesse tes idioties.

Maître Bernardet paraissait terrassé. Guillaume se rappelait le fringant jeune avocat qui avait séduit Caroline Houdert cinq ans plus tôt. Bruno piaffait alors, impatient de devenir le gendre du vieux Ray, d'oublier une adolescence grise et des cafés-croissants en guise de dîner. Il était beau, il symbolisait la jeunesse et ses appétits, l'ambition et la santé, le bonheur et la passion...

Qu'était-il donc arrivé à ce charmant jeune homme ? Il avait rencontré sur une route toute droite une femme tortueuse et il était si sûr de soi qu'il ne s'était pas méfié.

Tandis qu'il observait Bruno Bernardet, un Bruno décati et vaincu, Rochant se disait que Françoise Moret appartenait à cette race de femmes que l'on croyait disparue depuis qu'une Garbo ou une Dietrich avaient pris leur retraite quelque cinquante ans plus tôt. Et encore, n'étaient-elles, ces femmes-là, que la représentation symbolique de la vraie femme fatale. Françoise Moret avait raté sa vocation. Elle était une star à part entière. Elle l'avait broyé, comme elle avait broyé Simon Liénard, comme elle broyait Bruno Bernardet, et bientôt ce serait le tour de Jérôme Lacarrère.

— Ce type, ce gigolo merdique, je le tuerai, dit Bruno.

— Tu en serais incapable, soupira Rochant.

— Oui, avoua Bruno. Peux-tu m'aider ?

— Franchement, je ne vois pas comment.

— Tu pourrais faire peur à Françoise.

— Qui pourrait faire peur à Françoise ? En tout cas, pas moi.

— Ton petit juge Florence Larrieu.

— Ne touche pas à cette femme-là.

— Mordu ?

Rochant déposa quelques billets sur une soucoupe et prit la facture pour sa note de frais.

— Je te l'ai dit : ne touche pas à cette femme-là.

— Tu es très fort, Guillaume, et tu m'épates : en quelques années tu as obtenu la confiance du vieux Ray puis celle de Caroline, tu es devenu directeur littéraire, et quand tout va mal autour de toi, avec deux meurtres et plusieurs suspects, tu t'arranges pour être le chouchou de la femme qui dirige l'instruction. Et quand je dis « chouchou », il s'agit d'un euphémisme.

— Je suis trop fort pour toi en effet, Bruno, car j'ai envie de te casser la gueule, mais le combat serait inégal : tu es une loque.

Rochant se leva et il était si nerveux qu'il renonça à rentrer chez lui pour aller faire une longue balade sur les quais. Le ciel offrait une grisaille optimiste, laissant filtrer des nappes bleues et une grande douceur. Rochant se sentait si agacé qu'il eut envie de tout laisser tomber, les Editions Raymond Houdert et le roman qu'il avait commencé et qui traînait dans un tiroir depuis plusieurs mois. Si Florence n'avait pas été juge d'instruction, il lui aurait demandé de partir avec lui et d'aller vivre ailleurs, peut-être au Canada ou en Australie.

Elle dirait... C'était son jeu préféré. Il posait mentalement une question à Florence et il imaginait la réponse : elle dirait...

Et si au lieu de lui poser des questions, il lui avouait simplement la vérité ? qu'il avait menti sur bien des points parce qu'il croyait que c'était la meilleure façon de la conquérir... Non, exclu.

Tout naturellement, ses pas le conduisaient vers l'hôpital où travaillait son jeune frère Henri. Pourquoi s'était-il vanté d'avoir aidé Henri à faire ses études de médecine ? Par vanité. C'était bête et désolant. Henri avait eu le mérite de décrocher une bourse et d'avoir un parrain riche et généreux qui n'avait pas lésiné pour le soutenir jusqu'au concours de l'internat. Henri était un garçon épatant sur lequel il pourrait toujours s'appuyer.

Guillaume entra au service des consultations de cardiologie et demanda à la surveillante d'appeler le docteur Henri Rochant avec son bip.

Henri arriva quelques minutes plus tard, grand, maigre, souriant, une masse de cheveux sur le front, un stéthoscope pendu autour du cou comme un monstrueux collier. Charmant.

— Encore une lettre anonyme ?

— Non, non, une simple visite. As-tu un petit quart d'heure à m'accorder ?

— Je n'ai pas encore déjeuné. Allons à la cafétéria.

Henri était encore plus grand que Guillaume. Il enleva sa blouse et son stéthoscope, enfila une veste, prit son bip-bip, et ils allèrent s'installer à une table au fond de la salle presque vide.

— Je vais me marier, annonça d'emblée Henri.

Guillaume sourit. Quand il évoquait son jeune frère, c'était toujours l'enfant de quatre ans qui se traînait sur son pot en hurlant : « Je peux pas ! »

— Avec qui ?

— Une assistante sociale. Tu la verras, Annick est bretonne, têtue, adorable.

— Je t'envie.

— Je ne te crois pas.

— Si, si, je t'envie. Je connais une jeune femme que je voudrais épouser.

— Alors fonce. Nous ferons les deux mariages ensemble.

— Faudrait-il qu'elle le veuille.

— Qui résiste au charme du cher Guillaume ?

— Un juge d'instruction en jupon.

— Eh bien, c'est sérieux ! s'exclama Henri en entamant son steak-frites. Tu lui fais peur, je parie.

— Exact.

— Entre nous, elle n'a pas tout à fait tort.
— Hélas ! soupira Rochant. Je suis un sale type et cela commence à se savoir.
— Pas au point de t'attirer des ennuis, j'espère ?
— Les ennuis sont de différente nature.
— Je t'avais conseillé d'aller trouver les flics. L'as-tu fait ?
— Madame le Juge est un super-flic et je n'ose pas lui dire la vérité. Mais je lui ai montré les lettres anonymes. Ça ne l'impressionne pas.
Henri Rochant n'avait pas perdu ses mauvaises habitudes : il mangeait rapidement, buvant de grands verres d'eau pour « faire glisser ».
— Doucement, doucement, sourit Guillaume. J'espère que ta future épouse saura te discipliner.
Henri, qui avait huit ans de moins que son frère, avait été, depuis son adolescence studieuse et raisonnable, constamment cité en exemple à son aîné par des parents conformistes, ce qui ne manquait pas d'agacer Guillaume.
— Te rappelles-tu ton premier larcin ? demanda Henri.
— Et les autres. Je crois que papa ne me les a jamais pardonnés ; maman, oui, la pauvre femme.
— N'empêche que papa est fier de toi aujourd'hui. Quand il voit ton nom, *son* nom sur une couverture de livre, le roi n'est pas son cousin, et moi, le pauvre petit chef-de-clinique-assistant, je n'existe plus.
— Il a tort et tu es trop bon... Henri, j'aimerais te présenter à Florence Larrieu.
— Pour que je lui parle de tes larcins ? ironisa Henri.
— Pour que tu la convainques qu'elle doit cesser de se méfier de moi.
Henri ne répondit pas immédiatement. Il commanda un café et alluma une cigarette.
— Je ne devrais pas fumer, mais depuis que c'est interdit par le corps médical, je fume de plus en plus. J'ai toujours détesté les interdits ; c'est en cela que je te

ressemble. Guillaume, ce que tu me demandes est difficile pour moi : je te connais trop et je crains d'abuser une femme qui pourrait en souffrir et m'en vouloir.

— C'est du Corneille, jeta Guillaume.

— Non. Si ta Florence est intelligente, elle comprendra et tu sauras alors qu'elle t'aime vraiment.

— C'est du Pagnol. Je soupçonne...

Mais le bip-bip d'Henri l'interrompit.

— Excuse-moi, Guillaume, il faut que j'y aille. Téléphone-moi. Nous nous verrons plus tranquillement chez toi ou chez moi.

Il voulut payer l'addition, mais Guillaume l'en empêcha :

— Ne t'inquiète pas. File.

18

FLORENCE LARRIEU

C'EST en m'éveillant que j'ai eu ce malaise, et moi qui n'avais jamais vomi depuis mon enfance, j'ai dû me précipiter aux toilettes.

Intoxication alimentaire, peut-être. Mais si je récapitule ce que j'ai mangé hier soir, je ne vois rien qui puisse être incriminé : tomates, jambon, yaourt. Le plus extraordinaire, c'est qu'après avoir vomi, j'ai faim. Mais j'ai la prudence de ne pas manger. Afin de couper la faim, j'allume une cigarette, j'en tire deux bouffées et je la jette : elle m'écœure.

Une femme plus avisée que moi aurait aussitôt tiré une conclusion de ce malaise. Mais je suis partie pour le Palais avec une seule idée en tête : je ne verrai pas Guillaume pendant trois jours. C'est un délai de réflexion que je me suis fixé et je suis la première à en souffrir.

Ce matin, je reçois la veuve de Simon Liénard, et Paul dont la principale qualité n'est pas la discrétion ni la mesure, et qui a aperçu Nicole Liénard dans le couloir, laisse tomber :

— Tarte, mais tarte à voir, comme écrit le critique du *Nouvel Observateur.*

— Parce que vous lisez aussi cet hebdo ?

— Ma fiancée est abonnée. Céline est une intellectuelle, madame le Juge.

— Faites entrer Nicole Liénard et plus de commentaires, s'il vous plaît.

Elle porte un tailleur gris foncé sur un chemisier blanc, et son visage, discrètement maquillé, est loin d'être laid ; un peu trop large peut-être, mais les vastes paupières abritent de beaux yeux sombres.

— Asseyez-vous, madame. Vous êtes Nicole Liénard née Jorasse, trente-neuf ans, demeurant 37, rue du Docteur-Roux, Paris XVe, mère au foyer, deux enfants.

— L'aîné va sur ses quinze ans, précise-t-elle, et le cadet sur ses treize ans.

— Vous n'avez jamais travaillé ?

— Si. J'étais secrétaire de direction quand j'ai rencontré Simon. J'ai abandonné mon emploi après notre mariage. La cérémonie a eu lieu un mois avant la naissance de mon fils aîné.

— Et vous n'avez jamais regretté de ne plus travailler à l'extérieur ?

Nicole Liénard ne répond pas immédiatement. Elle a dû maigrir car la veste de son tailleur est aujourd'hui visiblement trop large pour son buste.

— Simon ne le souhaitait pas. Mais j'ai eu quelques regrets. Avec la naissance de mon fils cadet, je n'y ai plus pensé. Deux fils à élever, c'est rude. Et leur père n'était pas souvent là.

— Il travaillait beaucoup ?

— Certes, il travaillait beaucoup, mais...

— Comment avez-vous appris qu'il avait une liaison avec Françoise Moret ?

— Je l'ai d'abord deviné : il rentrait de plus en plus tard, il était impatient, irritable, même avec les enfants... Je l'ai interrogé et, d'une certaine manière, il a été très franc, il m'a dit qu'il aimait cette femme.

— Vous a-t-il dit qu'il voulait vous quitter ?

— Oui. Ç'a été le début de longues discussions, d'épuisantes querelles, et finalement il a capitulé. J'ai cru d'abord avoir gagné à mon seul profit, mais il m'a dit que c'était à cause de nos fils. Et là, il mentait.

— Pourquoi ?

— Parce que c'était à cause de cette femme : elle était lasse, elle le repoussait, elle avait un autre amant.

— Comment le saviez-vous ?

— Elle me l'a dit. Elle m'a téléphoné.

C'est si surprenant que Paul se tourne vers moi.

— Françoise Moret ne m'a jamais signalé ce coup de fil. Pourtant, il y allait de son intérêt.

— Je ne pense pas que ça soit un oubli. Plutôt une tactique.

— Soyez plus claire.

— Ça m'est difficile. Je ne peux pas me mettre à la place de cette femme. Mais j'ai la certitude que rien n'est gratuit chez elle. Elle m'a prévenue avec l'assurance tacite que vous en seriez informée un jour ou l'autre.

Il y a tant d'incertitude dans ses propos que je ne puis leur accorder un grand crédit. Néanmoins, je suis persuadée que Françoise Moret lui a téléphoné.

— Avez-vous parlé de ce coup de fil à votre mari ?

— Oui.

— Sa réaction ?

— Il paraissait accablé. Il m'a dit : « Elle est folle », et a refusé toute discussion. Mais je savais qu'il souffrait de cette situation.

— Avait-il reçu des lettres de menaces ?

— Il ne me l'a pas dit. S'il en recevait, ce ne pouvait être qu'aux Editions Raymond Houdert.

J'hésite à lui poser la question suivante, mais elle a l'air si peu fragile que je m'y résous :

— Avez-vous été surprise lorsqu'on vous a dit que votre mari venait d'être assassiné ?

— Non.

La réponse est partie comme une gifle.

— Pourquoi non ?

— Parce que Simon était au sein d'un imbroglio infernal.

— Alliez-vous souvent aux Editions Raymond Houdert ?

— Les jours de cocktails donnés par la maison et encore... J'avais trop à faire chez moi avec mes deux fils.

— Ce sera tout. Vous allez relire et signer votre déposition.

J'ai abrégé l'interrogatoire de Nicole Liénard contrainte et forcée : une nausée me menaçait et j'ai dû me précipiter aux toilettes. L'intoxication alimentaire n'est pas crédible. Reste une question cruciale : suis-je enceinte ? Bêtement, je n'ai pas noté la date de mes dernières règles, et il me semble que le retard (auquel je suis habituée) est cette fois considérable. Je n'ai plus qu'une solution : demander, en urgence, une consultation à mon gynécologue.

Si c'est cela, que vais-je faire ?

C'est tout à fait cela : je suis enceinte. Et la reine des pommes, pourrait dire Paul. Car aujourd'hui, n'importe quelle femme peut éviter une grossesse en prenant la pilule. Mais j'étais restée si longtemps blessée par l'échec de mon mariage que j'étais à l'avance hostile à l'idée même de faire l'amour. Quand j'ai rencontré Guillaume, je n'ai guère pensé à autre chose qu'au plaisir d'être dans ses bras. Un plaisir à risques. Un plaisir dont les conséquences m'accablent. Et à qui pourrais-je me confier si ce n'est à Béatrice ?

Elle commence à s'ennuyer, ma grand-mère, dans ces longs tête-à-tête avec ma mère qui les mobilisent toute la journée. Heureusement, le soir, mon père est là, et moi le plus souvent possible, quand je ne dîne pas avec Guillaume.

— Ta mère est vieille, me dit Béatrice quand je la rejoins dans mon ancienne chambre qui est devenue la sienne. Elle me donne le cafard et me rappelle que je vieillis moi aussi. Tu n'as pas bonne mine, mon enfant.

— Je suis enceinte, Béatrice.

Elle soupire :

— Ça ne va pas me rajeunir. Arrière-grand-mère...

— Attends attends, je me demande si je vais le garder. Qu'en penses-tu ?

— Il faut le garder. Est-ce qu'il le sait ?

— Surtout pas.

— Il faudra bien le lui dire un jour ou l'autre. En tout cas, ne te marie pas. Le mariage tue l'amour. Regarde tes parents et moi-même.

— Et si je tue l'enfant ?

— Tu le regretteras.

— Mais je pourrai continuer à exercer ma profession librement.

— Belle liberté qui vous plonge dans la solitude. Garde ce bébé.

Je suis hésitante et le ton de Béatrice n'est pas convaincant. Le gros problème, c'est Guillaume. Je ne veux pas pour mon enfant d'un père (même absent) en lequel je n'ai pas entièrement confiance. Il a appelé plusieurs fois au Palais et ici, et j'ai fait répondre que je n'étais pas là. Chez moi, le répondeur enregistre ses appels qui restent sans écho. Je n'aurais jamais dû avoir une relation privée avec un témoin de l'enquête. Si le substitut le savait, j'aurais droit à un blâme.

— Que vas-tu faire ? me demande Béatrice.

— D'abord dîner, je meurs de faim. Ensuite, faire une partie de dames avec toi. Demain, il fera jour.

Notre partie de dames s'est terminée à onze heures du soir, et depuis nous bavardons dans la chambre de Béatrice qui n'a besoin que de peu de sommeil, la nuit. C'est à l'heure de la sieste que ma charmante grand-mère disparaît.

A deux reprises, mon père est venu me dire qu'il fallait

que j'aille dormir, soit chez moi, soit ici dans la chambre d'amis. Puis, nous entendant rire, il a voulu rester avec nous. Mais Béatrice l'a chassé, et je lui ai demandé d'aller promener Caresse. Mon père a tant de choses à se faire pardonner qu'il a consenti à tout.

Pour l'instant, Béatrice en est à son troisième mari, Charles, le préféré, un Français installé aux Etats-Unis où il possède une chaîne d'hôtels-restaurants quatre étoiles.

— Comme amant, dit Béatrice, il était parfait, je l'adorais. J'étais encore mariée avec Richard qui nous fichait une paix royale, mais Charles était devenu plus américain que les autochtones pour lesquels le mariage et le divorce sont de simples formalités. Il m'a convaincue de divorcer, ce que Richard a accepté sans histoires, et Charles m'a épousée. A partir de là, cet ancien et merveilleux amant s'est transformé en mari jaloux, exigeant, mesquin. Je serais rentrée en France si je n'avais pas rencontré le sénateur...

— Mais le premier, mon grand-père que je n'ai pas connu, tu l'escamotes toujours.

— Oh ! dit Béatrice, c'est si loin ! Il a traversé ma vie comme un fantôme, un jeune fantôme. Il m'a rapidement fait un enfant, ta mère, j'avais dix-sept ans, c'est tout juste si je savais comment naissent les bébés... C'est ma propre mère qui a élevé la tienne quand je suis partie pour les Etats-Unis afin de parfaire mon anglais.

— Et grand-père ?

— Tu sais, j'ai toujours un choc quand tu dis « grand-père ». Je ne l'ai vu que jeune et il avait l'air particulièrement jeune pour son âge. Le pauvre, quand je suis partie pour les Etats-Unis, il est allé faire son service militaire. Il avait eu un sursis pour ses études scientifiques. C'était un grand rêveur scientifique. Après deux ans de service, il a été rappelé en 1938 et en 1939 pour la guerre qu'il a faite comme sous-lieutenant, à Dunkerque où il a été tué au cours d'un bombardement.

— Et toi ?

— Moi, je suis restée aux Etats-Unis. Mes parents me l'avaient conseillé. Je soupçonne ma mère de m'avoir écartée de ma fille sciemment : elle était très attachée à ta mère, qui l'adorait. Si bien que lorsque je suis rentrée en France, en 1946, ta mère était déjà grande et je ne l'ai pas reconnue, évidemment. Elle ressemblait beaucoup à son père, le rêveur scientifique, et elle se méfiait de moi. Le rapprochement a été long et laborieux.

En fait, il n'a jamais eu vraiment lieu, c'est évident, et ma mère en a été marquée à jamais. D'où la difficulté, parfois, de notre propre relation.

— Mais revenons à ton problème, dit Béatrice. Où en es-tu avec ton garçon ?

— Béatrice, c'est un homme.

— Comment est-il physiquement ?

— Grand, svelte.

— Bien, très bien. Le haut ?

— Des yeux bleus, un visage puissant et gai, un front haut qui commence à se dégarnir...

— Ah non !

— Pourquoi non ?

— Je n'aime pas les hommes chauves. Je n'ai jamais pu faire l'amour avec un homme chauve. Mon pauvre sénateur, quand il a commencé à perdre ses cheveux... Bref, il faut que ton Guillaume se soigne. Il y a des implants, aujourd'hui. Les lotions, je n'y crois pas.

— Béatrice, nous n'en sommes pas là. Guillaume me fait peur.

— Tu ne vas pas recommencer avec ta peur des hommes. Celui-là n'est pas bisexuel. Donc pas d'ambiguïté.

— Béatrice, cet homme n'est pas net. J'ai l'impression qu'il me cache quelque chose.

Le silence tombe entre nous comme un arrêt du cœur. J'allume une cigarette dont la fumée cerne et embrume le visage de Béatrice, et je l'arrête aussitôt, écœurée.

— C'est ennuyeux, dit ma grand-mère, mais pas irrémédiable. Ce garçon mérite que tu lui donnes une chance. S'il n'est pas net, comme tu le dis, et s'il t'aime, il finira par parler. Interroge-le.

— En privé ?

— Oui.

— Mais c'est contraire à la déontologie.

— L'amour aussi. Et tu l'aimes et tu es enceinte.

— Cela, il ne le saura pas avant longtemps.

Mon père revient avec Caresse :

— Vous savez l'heure, mesdames ? Une heure trente du matin. Béatrice, puis-je vous demander d'être raisonnable ?

— C'est la dernière chose à demander à une femme. Mais je vais me coucher, Florence aussi.

Tandis que mon père me raccompagne jusqu'à la chambre d'amis, il bougonne :

— Depuis qu'elle est là, je ne te vois plus. Que se passe-t-il ?

— Des trucs de bonnes femmes.

— As-tu un amant au moins ?

— Oui.

Il s'y attendait si peu qu'il s'arrête de marcher et me prend dans ses bras :

— C'est la meilleure nouvelle de l'année. Ma fille a un amant ! Ma petite fille a un amant !

— Ne le crie pas sur les toits, je t'en prie.

19

GUILLAUME Rochant décida de renoncer provisoirement à Florence Larrieu et resta quarante-huit heures sans lui téléphoner. Manifestement, elle ne voulait plus le voir et il n'allait pas la supplier de lui accorder un rendez-vous. C'était d'autant plus absurde qu'il était prêt à lui parler de son passé.

Ce matin-là, Françoise Moret lui téléphona. Brève, comme à son habitude :

— Mon manuscrit est prêt.

— Bravo. Viens le plus vite possible.

— Je suis un peu souffrante. Envoie-moi un coursier.

— Tu ne veux pas m'en parler ?

— Tu vas le lire. Après, nous parlerons. C'est un peu différent des autres, tu verras.

— Très différent ?

— Non, j'ai dit un peu.

— Je t'envoie un coursier immédiatement.

Rochant alla annoncer la nouvelle à Caroline qui discutait dans son bureau avec son père.

— Le manuscrit de Françoise Moret est prêt. Je l'aurai dans une heure.

— J'espère qu'il sera bon, dit Raymond Houdert.

— La sauce habituelle, soupira Caroline : racoleur et efficace. Nous pourrons aller jusqu'aux deux cent mille exemplaires.

— Ne rêve pas, dit son père. Avec la crise...

Mais Rochant avait l'habitude de voir brandir la crise par le vieux Ray. Depuis plus de dix ans, c'était l'antienne. Il préféra sortir du bureau avant d'écouter la suite, et fit un tour au rez-de-chaussée pour prévenir les attachées de presse.

— J'attends le nouveau Moret, dit-il à Violaine Janin. Annoncez-le à la presse. Nous le mettrons très vite en fabrication et il sortira à la rentrée de septembre.

— Vous avez un titre ?

— Inutile de donner un titre. Celui que va proposer Françoise nous déplaira et il faudra le changer.

Corinne Auberton intervint :

— La mort de Simon ne l'a pas empêchée d'écrire. Quel manque de sensibilité !

— Oh ! je t'en prie, dit Violaine Janin. La mort de Simon ne t'empêche pas de faire du charme à Bernard Damien.

— Ah oui ? sourit Rochant qui avait pour Bernard Damien, un romancier sans grand talent, un mépris à peine déguisé. Est-ce que Damien répond à vos avances ? demanda-t-il à Corinne Auberton.

Elle rougit et ne répondit pas. Rochant ne l'avait jamais aimée, mais cette fois il se dit qu'il parlerait à Caroline d'un renvoi avec indemnités. Il ne voulait plus, dans son service, de cette allumeuse-sainte-nitouche. Quand il remonta dans son bureau, il trouva le manuscrit de Françoise Moret sur sa table. Titre : *Les Perdants.* Mauvais, se dit-il. La presse allait sans doute ironiser sur le titre, et les petits malins qui n'aimaient pas Moret s'empresseraient d'écrire que la première perdante, c'était elle. Il ouvrit le manuscrit.

A mesure qu'il avançait dans sa lecture, il éprouvait une sorte de surprise, qui bientôt se transforma en malaise, non que l'intrigue fût médiocre et le style négligé. C'était autre chose, comme si, avec sa mise en examen, Françoise Moret était devenue un autre écrivain, plus subtil et moins roublard.

Poursuivant sa lecture, il se dit que Françoise était décidément une femme déconcertante et mystérieuse. Elle n'avait peur de rien et en même temps elle empruntait des masques dissimulant sa vraie personnalité. Mais quelle était sa vraie personnalité ? Le public suivrait-il ?

Le manuscrit était court : à peine deux cents pages. A dix-neuf heures Rochant l'avait terminé. Il le passa à Caroline Houdert.

— Alors ?

— Je préfère ne pas t'en parler avant que tu l'aies lu.

— C'est mauvais ?

— Non. Lis-le. Je ne veux pas t'influencer. Lis-le vite. Nous en parlerons demain. Tu en as pour trois heures à peine.

— Elle fait court à présent ?

— Elle fait ce qu'elle peut. Où en es-tu avec Bruno ?

— Je demande le divorce. Et toi ?

— Moi ? Rien.

— Ah bon ! J'avais cru...

— N'en crois rien.

En sortant du bureau de Caroline, et bafouant la promesse qu'il s'était faite naguère, il prit la décision de passer chez Florence Larrieu. Si elle n'était pas chez elle, il irait l'attendre devant le domicile de ses parents. Il ne pouvait plus supporter cette situation incertaine.

Il arriva rue des Fossés-Saint-Jacques où habitait Florence quelques minutes après qu'elle fut partie en voiture avec sa chienne, lui dit la gardienne de l'immeuble. Il alla donc l'attendre devant chez ses parents en espérant qu'elle n'était pas allée chez une amie, ou pis, chez un ami. Avant de prendre sa faction rue de l'Université, il alla manger un sandwich dans un bistrot et se posta en face de l'immeuble où vivaient les Larrieu, à partir de vingt et une heures, s'offrant toutes les chances de la voir sortir à vingt-deux heures, heure décente pour prendre congé de la famille. Une pluie méchante piquait le sol et un petit vent frisquet faisait oublier que mai, temps des cerises, avait promis depuis longtemps d'être le plus joli mois de l'année.

A vingt-trois heures, Rochant commença à ne plus espérer et imagina différents scenarii catastrophes. A vingt-trois heures trente, il se résigna à rentrer chez lui, promenant sa silhouette nette et prosaïque parmi les splendeurs estompées de la ville.

20

FLORENCE LARRIEU

J'AI passé la soirée chez mes parents avec Béatrice. Au moment de rentrer chez moi, j'ai regardé par la fenêtre du salon, qui donne sur la rue, pour voir s'il pleuvait encore. Et j'ai aperçu Guillaume qui m'attendait sur le trottoir d'en face, le col de son imperméable relevé, tel un détective privé dans un film noir.

Prise de panique, j'ai dit à Béatrice que j'allais rester, que je me sentais trop fatiguée pour rentrer chez moi. Dieu merci, mon père avait déjà promené Caresse un peu après neuf heures, la chienne ayant manifesté un besoin urgent de sortir. Je suis bouleversée, et Béatrice m'a fait prendre l'une de ses petites pilules américaines qui, prétend-elle, détendent sans vous assommer.

Et maintenant, seule dans mon lit, j'imagine le pire. L'émotion contracte ma gorge, mes épaules, ma taille. Mon buste devient prisonnier d'une deuxième cage.

Le pire, je crois qu'il est là. Cette fois, Guillaume m'attendait à la sortie du Palais où il m'a coincée :

— Il faut absolument que je vous parle, Florence. Chez vous ou chez moi ?

— Ni l'un ni l'autre : un endroit anonyme. Je connais un bar tranquille près du Panthéon.

J'ai pris ma voiture, il a pris la sienne, et nous nous sommes tous les deux garés en infraction. Quand je l'ai vu entrer dans le bar en question, j'ai alors remarqué sa pâleur, ses traits tirés : il a dû maigrir de plusieurs kilos en quelques jours.

Nous nous sommes assis face à face et j'ai commandé un jus de tomates ; lui, un whisky sans eau. Et maintenant j'attends qu'il parle. Je suis en train de signer la plus belle gaffe de ma misérable carrière. Mais Béatrice m'a fait promettre (et jurer sur sa tête) que je donnerais à Guillaume cette unique chance.

— Je vous écoute, dis-je.

— C'est difficile.

— J'ai l'habitude des cas difficiles.

— Je sais. Mais en général il s'agit d'un jeu serré qui consiste, pour vous, à faire avouer la vérité, et pour l'autre à résister dans la mesure de la crédibilité. Je n'ai pas l'intention de résister.

— Essayez de raconter votre histoire comme vous le feriez pour un rapport de lecture, sans fioritures, sans littérature, sans tricher évidemment. Une étude du personnage principal.

D'un bout à l'autre de la nuit qui suit cette soirée secouée par une pluie inlassable, je me répète mentalement ce que Guillaume m'a raconté. Cela n'a plus rien de la première version étincelante de son adolescence. Il m'a confié en dépôt tout ce qu'il pouvait transférer de son passé. Il m'a raconté, comme on tourne tendrement les pages d'un vieux livre d'enfant, sa jeunesse, et j'ai vécu en pensée de longues journées ensoleillées avec un petit Guillaume en tenue d'Eclaireur et faisant le salut au drapeau. Innocence et clarté. Mais j'ai eu peur quand le même Guillaume, qui avait mal accepté l'intrusion dans son univers de son jeune frère Henri, a commencé à faire des fugues puis à commettre des larcins. « Affectivement, je me sentais floué, disait-il. J'avais, à la fois, le désir profond de retrouver la tendresse que ma mère n'accordait désormais qu'à mon frère Henri, et de m'évader de ce milieu petit-bourgeois qui m'écœurait. Je lisais énormément, séchais mes cours pour aller au cinéma, et prenais dans le porte-monnaie de ma mère l'argent nécessaire à payer mes deux passions. Quand elle s'en est aperçue, porte-monnaie et tirelire ont été écartés de ma portée, et j'ai volé ailleurs. »

Il m'a raconté le jour où il a été pris sur le fait au moment où il sortait d'un magasin avec une radio portative. Conduit au poste de police, il a été relâché grâce à son père et à un juge pour enfants qui lui a fait peur mais s'est montré très efficace. Avec la promesse que son père le surveillerait impitoyablement, le juge Toffler lui a fait confiance et lui a donné une chance de se racheter.

Il m'a raconté le plus inavouable pour lui : sa rechute après trois ans de conduite exemplaire. Il venait d'obtenir son bachot avec mention, et pour fêter cette réussite il a bu trop de champagne. Voulant épater sa petite amie Maryse, il a « emprunté » une voiture pour sortir d'Asnières où ils habitaient. Au volant de cette voiture volée, qu'il conduisait trop vite, il a pris le périphérique puis l'autoroute de l'Ouest. C'est là, près de la bretelle de Roquencourt, qu'a eu lieu l'accident. Il était à peine égratigné, surtout sonné, mais Maryse avait des blessures graves et il a fallu l'amputer d'une jambe.

— Conduite sans permis et en état d'ivresse dans une voiture volée, avec une passagère horriblement blessée... Grâce au juge Toffler et à mon père, j'ai évité la prison et m'en suis sorti avec une condamnation avec sursis. J'avais envie de me tuer. Indépendamment de son chagrin me concernant, ma mère était malade : asthme gravissime. Quand elle est morte, au cours d'une crise, j'ai juré à mon père qu'il n'aurait plus jamais à rougir de son fils aîné. Et j'ai tenu mon serment. Nommé professeur d'histoire dans une boîte privée, j'ai supporté les contraintes, l'ennui, afin de rester fidèle à ma parole.

J'étais si malheureux que j'écrivais. Ma chance, ç'a été de rencontrer Raymond Houdert... Vous connaissez la suite.

— Vous oubliez l'essentiel, dis-je : votre faux témoignage pour le meurtre de Simon Liénard.

— J'ai menti par omission.

— Vous êtes suspect, Guillaume Rochant.

— Mais vous savez que je ne suis pas l'assassin.

— Mais vous savez *qui* est l'assassin.

Il reste un instant silencieux et me regarde avec des yeux brouillés par une sorte de pluie très fine.

— Je préfère être mis en examen au rôle de mouchard. Etant donné mon passé, je ne peux pas me permettre de basculer, en plus, dans la délation.

— Etant donné votre passé, vous devriez vous employer plus qu'un autre à aider la justice. Ce juge Toffler vous a aidé. Renvoyez l'ascenseur.

Il se tait, termine son whisky, fait signe au serveur d'en apporter un autre. Il ne m'a jamais paru aussi séduisant.

— L'alcool n'arrangera rien, Guillaume.

— Je vais vous faire une proposition.

— Un marché ?

— Non. Mieux que cela : la possibilité de découvrir l'assassin.

— Je me méfie de cette proposition.

— Vous avez tort. Je ne peux pas vous en dire plus ce soir. Laissez-moi quelques jours de délai et vous aurez en main les éléments qui vous conduiront à la bonne piste.

— Pourquoi ne pas m'en parler dès maintenant ?

— Pour deux raisons. Primo : je vous l'ai dit, le rôle de mouchard est pour moi répugnant et dangereux. Les lettres anonymes que j'ai reçues n'étaient pas gratuites. Secundo : je n'ai pas encore une certitude absolue car je ne suis ni flic ni juge et il me manque un appareil judiciaire pour établir des preuves formelles. Cet appareil judiciaire est à votre disposition, vous pourrez agir là où je ne puis qu'exposer un raisonnement et en déduire les conséquences.

— Je pourrais vous faire arrêter pour obstruction à la bonne marche de l'enquête, Guillaume Rochant.

— Faites-le et je me tairai définitivement.

— Une condition à votre proposition : jusqu'au moment où vous m'apporterez les éléments en question, nous ne nous rencontrerons pas.

— Vous êtes impitoyable.

— Non. Je suis même trop indulgente. J'aurais dû vous obliger à faire votre déposition au Palais, devant mon greffier. Je vous donne trois jours de sursis. Sans nouvelles de votre part, je vous convoque officiellement.

Je suis debout, le cœur en morceaux, avec, au plus profond de moi, un début de petit être dont le père est cet homme qui m'a entraînée dans une aventure scabreuse. Je l'aime et je le hais. Autant dire qu'il me serait difficile de me détacher de lui.

21

— ALORS ? dit Rochant.

Caroline Houdert avait les traits tirés et buvait sa troisième tasse de café de la matinée.

— J'ai à peine dormi, pas à cause du manuscrit, non, quoique... Tu as raison, ce n'est pas le style habituel, c'est presque mieux, plus littéraire. Mais ça peut marcher, ça va marcher, il le faut. Que lui arrive-t-il à notre Moret ?

— Elle a été accusée d'un crime et n'est pas encore disculpée.

— C'est tout de même troublant. Tu lui en parles ?

— De notre trouble, non. Mais je vais publier son texte assez vite afin qu'il sorte à la rentrée littéraire. Pour une fois, elle pourra prétendre à décrocher un grand prix.

— Tu sais bien que nous n'avons jamais de prix. Les jurés nous boudent.

— Parce que nous ne savons pas les manipuler.

— Ou les acheter.

— Ce qui revient au même. Moret a un handicap : son physique. Elle est belle, donc dépourvue de talent. Mais aujourd'hui elle a un formidable atout : elle a été victime d'une erreur judiciaire...

— Je me demande parfois si c'est une erreur judiciaire. Cela aussi me trouble.

— N'accable pas ta rivale.

— Ce n'est pas elle que je hais, c'est Bruno.

— Il ne mérite même pas ta haine.

— N'accable pas ton nouveau rival.

Rochant rit et descendit faire photocopier en trois exemplaires le manuscrit de Françoise Moret. Quand il remonta, Françoise était assise dans son bureau, l'attendant. Elle vit les photocopies que Rochant posa sur la table.

— Pourquoi tant d'exemplaires ?

— Pour le service de presse, la publicité et le commercial. Nous allons faire un grand lancement.

— Que penses-tu de mon roman ? Tu ne m'avais pas téléphoné, alors je suis venue.

— Si je te parle de grand lancement, c'est parce que j'aime ton roman.

— Mais encore ?

— Ecriture soignée, intrigue passionnante, personnages attachants...

— Tu parles comme si tu récitais un prière d'insérer.

— Déformation professionnelle. Ton roman est excellent, ne sois pas inquiète. Et tu as l'air en pleine forme. Belle comme jamais.

— Belle comme pas toujours. Je vieillis.

— Tu fais partie de ces femmes qui sont plus séduisantes à quarante ans qu'à vingt.

— Pourrais-je te séduire encore ?

— Non.

— Pourquoi ?

— Parce que j'ai déjà donné et ça fait mal.

— Tu m'étonnes.

— Comment va Jérôme Lacarrère ?

Elle rougit. Rochant ajouta :

— Là, c'est toi qui m'étonnes.

Ils parlèrent encore du roman, du titre qu'il fallait changer, de la couverture pour laquelle Françoise Moret avait quelques idées ; du premier tirage pour lequel Rochant prévoyait cinquante mille exemplaires ; de la prépublication dans un grand hebdo ; des photographies de Françoise qu'il fallait renouveler, etc. Puis Rochant raccompagna la romancière jusqu'à la porte du hall. Il était à peine midi et il décida d'aller faire un saut jusqu'au journal qui publiait les articles de Jérôme Lacarrère. Il prévint la standardiste et prit un taxi afin d'éviter les problèmes de parking.

Dans un couloir du journal, il croisa un vieil ami :

— Guillaume ! Que fais-tu là ?

— Je cherche une belle âme qui pourra résoudre mon problème.

— Je suppose que cette belle âme a moins de trente ans et de beaux nichons. Don Juan, hâte-toi, tu commences à perdre tes cheveux.

L'autre était complètement chauve.

Rochant monta au second où se trouvaient les archives et la « belle âme » qui allait pouvoir l'aider : Ginette. Elle approchait de la retraite et des cent kilos.

— Je t'invite à déjeuner, Ginette.

— Peux pas. Mon fils vient me prendre. Tu as besoin d'un service ou c'est pour le seul plaisir de me voir ?

— Les deux. Peux-tu me photocopier les principaux articles de Jérôme Lacarrère sans en dire un mot à l'intéressé ni à son chef de rubrique ?

— Je suis une tombe. Une grosse pierre tombale pour riches. Demain midi, ça va ?

— Je t'enverrai un coursier et des chocolats. Je sais que tu les préfères aux fleurs.

Il l'embrassa et alla déjeuner seul, ce qu'il ne détestait pas. Il en profitait généralement pour lire la presse. Mais ce jour-là, il consacra son déjeuner solitaire à établir son plan pour que Florence, si elle était aussi astucieuse qu'il l'espérait, puisse trouver le fil conducteur qui l'aiderait à découvrir la clé non seulement de l'affaire Liénard mais du meurtre de Pierre Cressonnière. Il croyait lui-même l'avoir trouvée ; tout concordait, c'était presque trop beau.

Il se promit de ne pas téléphoner à Florence avant d'être sûr du résultat. Son après-midi fut consacré à la lecture de manuscrits « urgents », ce qui l'agaçait toujours, l'urgence n'étant que pour les auteurs dont l'angoisse agressive le fatiguait. Il en reçut d'ailleurs quelques-uns qui frisaient la caricature par leur manque de modestie. Rochant pensa que s'il devait leur ressembler un jour, il préférait renoncer sur-le-champ à se faire publier.

Quand il rentra chez lui, le téléphone diffusait une sonnerie stridente et persistante. Il avait oublié de brancher son répondeur, appareil qu'il détestait, de même qu'il n'appréciait guère les machines à traitement de texte, leur préférant les vieilles machines à écrire. Il décrocha avec l'espoir que ce serait Florence. Mais ce n'était qu'une voix d'homme qu'il reconnut aussitôt : celle d'un vieil auteur qui lui demandait un service.

22

FLORENCE LARRIEU

Guillaume vient de m'appeler. Je lui ai donné rendez-vous dans le bar habituel, au fond de la salle. Sa voix était gaie et belle, je suis amoureuse de cet homme comme une midinette, et je ne sais toujours pas si je vais me faire avorter, Béatrice étant furieusement contre. Mais Béatrice ne sera peut-être plus là quand l'enfant aura besoin d'elle. Ni ma mère qui m'inquiète. Elle resurgit lentement depuis son infarctus et elle a peur de tout : d'une alimentation trop riche, de monter un escalier, de la fumée de ma cigarette, et de la présence de Béatrice. Elle a perdu huit kilos, ce qui lui va bien, mais elle n'en est plus à un problème de coquetterie. Et sa peur est contagieuse.

Dieu merci, mon père se porte bien, presque trop car il en profite pour rentrer de plus en plus tard. Béatrice prétend qu'il a une nouvelle maîtresse, une très jeune femme qui va l'épuiser et qu'il en mourra peut-être avant ma mère. Le cynisme de Béatrice n'a pas de frein.

Durant toute la journée, et tandis que j'interroge la femme de Pierre Cressonnière (elle est sotte et presque vulgaire), je ne pense qu'à Guillaume, à ces « éléments » qu'il va m'apporter.

— Mon mari avait reçu une lettre anonyme, dit de sa voix de gorge Maud Cressonnière. Je l'ai retrouvée dans les papiers que contenait son bureau aux Editions Raymond Houdert. La voici.

Je lis tout haut : « Pauvre type. Tes jours sont comptés. Tiens-toi tranquille si tu veux que le compte soit long. »

En me tournant vers mon greffier, j'ai surpris sur son visage ingrat l'esquisse d'un sourire.

— Vous notez, Paul.

— Mon mari était inquiet, il me l'avait dit mais n'avait pas parlé de cette lettre.

— Pourquoi inquiet ?

— L'atmosphère du bureau. Tout le monde s'épiait.

Elle est en noir des pieds à la tête et ça ne l'amincit pas.

— Avait-il des ennemis dans l'édition ?

— Non, je ne crois pas. Pierre était un homme tranquille qui travaillait beaucoup, il rentrait de plus en plus tard, la crise le tourmentait.

— Depuis combien de temps étiez-vous mariés ?

— Nous nous sommes connus au bal de fin d'année de H.E.C., la dernière de Pierre. Nous nous sommes mariés deux mois plus tard. J'attendais ma fille aînée.

— Quatre enfants, n'est-ce pas ?

— Oui. Pierre aimait les grandes familles. Il était le dernier de neuf enfants. Mais après le quatrième, moi j'ai dit non.

Je pense que c'est plutôt le malheureux Cressonnière qui a dit non. Il avait une liaison avec la fille d'un garagiste, qui est venue témoigner spontanément. Grosse, jeune, cynique et drôle. Plus jolie que la femme légitime mais aussi vulgaire. Pierre Cressonnière était un timide qui avait besoin qu'on le prenne par la main. Une Françoise Moret devait l'impressionner.

— Françoise Moret... commence Maud Cressonnière.

— Oui ?

— Cette Moret était très désagréable avec mon mari. Il s'en plaignait souvent. Elle le traitait comme un laquais.

— Et Guillaume Rochant ?

— C'était presque un ami pour Pierre. Ils se tutoyaient. Guillaume Rochant est maintenant directeur littéraire et il le mérite. Pierre appréciait son intelligence, son humour. Guillaume a été très bien pour les enfants et pour moi après la mort de mon mari. Il a obtenu de Raymond Houdert des indemnités que Pierre aurait touchées s'il avait quitté de son vivant la maison d'édition, et il a engagé ma fille aînée comme secrétaire particulière, l'ancienne venant de prendre sa retraite.

— Quel âge a votre fille ?

— Dix-huit ans.

Si elle ressemble à sa mère, je n'ai pas de souci à me faire.

J'ai l'impression qu'il a encore maigri, mais il sourit. Le sourire lui va bien. Il me tend un livre et un manuscrit : l'avant-dernier roman de Françoise Moret et celui qui sortira en septembre. Puis un classeur qui comprend la photocopie des principaux articles de Jérôme Lacarrère.

— Vous vous moquez de moi, dis-je. Que voulez-vous que je fasse avec cela ?

— Lire, comparer, réfléchir, conclure.

Je sens mon visage s'empourprer :

— L'instruction d'une affaire criminelle n'est pas un jeu de devinettes, Guillaume. Ça n'est pas sérieux !

— Ne vous fâchez pas. Je vous donne la possibilité d'être le juge le plus perspicace de Paris. Je ne peux pas faire mieux.

— Si. Il faut me donner les règles du jeu.

— Elles sont d'une simplicité enfantine. Vous les trouverez vous-même et ensuite vous me remercierez.

— Ça m'étonnerait.

— Vous n'avez pas bonne mine.

— J'ai des ennuis professionnels et des problèmes dans ma vie privée.

— Puis-je vous aider ?

— Ne soyez pas stupide. Il est évident que vous pouvez m'aider mais que vous ne le voulez pas.

Il se lève, me laissant déconcertée et frustrée.

— Je ne vous importunerai plus, dit-il. J'attendrai que vous compreniez les règles du jeu et que vous les appliquiez au plus vite. Alors je serai là pour vous prouver que je n'ai pas cessé de penser à vous, que je n'ai pas cessé de vouloir votre bonheur... et le mien, ajoute-t-il dans un murmure.

Je devais aller dîner chez mes parents où Béatrice m'attendait (« Tu es mon rayon de soleil, ma petite Florence »), mais je me suis décommandée pour rentrer chez moi et m'attaquer aux « éléments » fournis par Guillaume. Installée dans mon large lit, les « éléments » à ma droite et Caresse à ma gauche, sur une couverture-chien et ronronnant comme un chat, j'attaque en premier le livre (selon les instructions de Guillaume) dont je lis deux chapitres, comprenant aisément ce qui plaît à ma mère dans les romans de Françoise Moret : c'est clair, racoleur mais distingué, truffé de bons sentiments mais avec une pointe d'humour, et romantique. Puis je passe au manuscrit, qui a été écrit un an plus tard, c'est-à-dire tout récemment. Le style est plus mordant, l'humour plus grinçant, les sentiments plus forts et plus crédibles. C'est à la fois mieux que le livre et moins efficace. Ce roman nouveau ne plaira pas à ma mère mais pourra séduire Béatrice.

J'appelle Guillaume. Quel merveilleux prétexte !

— Je crois avoir trouvé quelque chose : les deux textes semblent ne pas avoir été écrits par la même personne.

— Bien. Passez au dernier élément : les articles de Jérôme Lacarrère, et rappelez-moi, s'il vous plaît. J'attendrai toute la nuit s'il le faut.

Il est humble, il est prêt à tout pour me prouver qu'il m'aime.

Avant d'attaquer les articles de Jérôme Lacarrère, je vais

à la cuisine préparer la nourriture de Caresse : viande de cheval, riz et carottes, puis un plateau-repas pour moi, composé de crudités et de cuisses de poulet. Un rapide regard sur les infos télévisées et je me plonge dans la prose du beau Jérôme (c'est Guillaume, encore lui, qui m'a dit qu'il ressemblait à Robert Redford en plus jeune).

Un style sec, rapide, des formules qui frappent fort, un humour corrosif... Je lis une bonne douzaine d'articles, des critiques élogieuses pour certains auteurs, franchement méchantes pour d'autres, les romans de Françoise Moret sont épargnés, mais l'indulgence est parfois ironique. Jérôme Lacarrère a une plume, comme on dit dans le milieu de Guillaume. Que faut-il y voir ? J'ai une idée mais elle me paraît peu crédible. Je décide d'y réfléchir et de ne pas téléphoner à Guillaume.

C'est lui qui m'appelle une heure plus tard, alors que j'allais m'endormir :

— Qu'en pensez-vous ? dit-il.

— Pas grand-chose.

— C'est pourtant évident.

— Pour vous peut-être. Mais pour la profane que je suis, non.

Je le sens ennuyé et je ne fais rien pour le rassurer.

— Je suis fatiguée, Guillaume. J'ai besoin d'une bonne nuit de sommeil.

— Rappelez-moi dès que vous y verrez plus clair.

Depuis quelques jours, toutes mes matinées commencent de la même façon : nausée puis faim boulimique, que j'apaise avec un breakfast à l'anglaise : œufs coque, toasts, beurre, confiture, miel, thé. Si j'avais encore des doutes sur mon état, je serais maintenant fixée.

Béatrice m'appelle pour me dire qu'elle s'ennuie :

— Ta mère n'est vraiment pas drôle. Le soir, elle s'endort devant son poste de télévision, et dans la journée elle rabâche son inquiétude. Elle vieillit à toute vitesse. Si je reste ici sans te voir, j'ai peur que ça devienne contagieux.

— Je viendrai ce soir. Juré.

Quand j'entre dans mon bureau, Paul donne ses habituels coups de fil ; avant, c'étaient les copains. Maintenant, c'est la fiancée, Céline.

— Elle vous embrasse, dit-il en raccrochant.

— Ce qui me rassure, Paul, c'est que sa timidité s'est envolée. Elle devient très familière, non ?

Puis, sans transition :

— Vous convoquerez Nicole Liénard et Jérôme Lacarrère le plus tôt possible.

J'ai à peine fini ma phrase que mon substitut préféré, Philippe Goumet, entre dans mon bureau.

— Qui est Jérôme Lacarrère ? demande-t-il de sa voix de bronze.

— Un journaliste. Plus exactement un critique littéraire.

— Méfiez-vous de la presse. Pourquoi voulez-vous convoquer ce Lacarrère ?

— Il est l'amant de Françoise Moret.

— Mais Moret n'est plus en cause, du moins dans l'affaire Cressonnière.

— L'affaire Liénard et l'affaire Cressonnière sont liées, nous en avons tous deux la conviction. Et tout ce qui concerne Françoise Moret m'intéresse.

Il me regarde en souriant. Il est presque beau, pas aussi grand que Guillaume mais plus fin.

— Vous n'avez pas bonne mine, madame le Juge.

— Dès que j'aurai bouclé ce dossier, j'irai en Grèce, vous me l'avez promis.

— Je tiens toujours mes promesses. Où en êtes-vous ?

— Pour l'instant je perds mon temps avec des dossiers de petits délinquants.

— Reportez-les. Consacrez-vous à l'affaire Liénard et

à l'affaire Cressonnière en priorité. Vous avez mon accord.

— Vous avez une touche, commente Paul après le départ du substitut.

— Et vous, un certain culot. Faites entrer le petit Bry.

— J'espère qu'il ne va pas couler. J'ai horreur des fromages fermentés.

C'est l'humour de Paul. J'ai mis quelque temps à m'y habituer.

Jean-Claude Bry a vingt-cinq ans, à peine un mètre soixante-dix, un visage rigolo que surmontent des cheveux blond-roux fortement laqués qui se dressent comme des épis de blé. Et déjà un casier judiciaire lourd qui lui a valu quelques années de prison. Il vient d'être arrêté pour un hold-up dans une station-service. Le pompiste agressé est à l'hôpital avec une fracture du crâne.

Après l'interrogatoire d'identité et la lecture des faits, je commente :

— Vous n'avez aucune imagination : c'est la troisième fois que vous êtes arrêté dans une station-service. Et cette fois-ci, vous avez aggravé votre cas en frappant le pompiste avec un marteau.

— C'est tout ce que j'avais sous la main.

— Mais pourquoi frapper cet homme ?

— Parce qu'il s'est défendu et il a cogné fort.

Je me demande s'il est complètement débile ou s'il se moque de moi.

— Les stations-service vous attirent. Est-ce vraiment un choix ?

— Madame le Juge, j'ai déjà été pompiste.

— Combien de temps ?

Il réfléchit, plisse son nez minuscule, il a l'air d'un sale gosse :

— Dix jours, peut-être douze.

— Pourquoi si peu de temps ?

— Tentation. J'ai pioché dans la caisse.

J'entends le rire étouffé de Paul et j'abrège :

— Vous reconnaissez les faits en ce qui concerne l'agression du pompiste ?

— Légitime défense, madame le Juge, il m'a frappé.

— Et vous avez répliqué avec un marteau. Vous promenez-vous souvent avec un marteau ?

— Ça m'arrive.

— Bien. Je souhaite pour le pompiste qu'il s'en sorte. Pour vous aussi. Relisez votre déposition et signez.

23

POURQUOI ne m'a-t-elle pas appelé ? se demandait Guillaume Rochant. Il ne faut pas laisser traîner cette affaire, ce serait trop dangereux.

Du bureau, il téléphona au Palais, mais on lui dit que madame le Juge était occupée. Il appela chez elle et laissa un message sur le répondeur : « Je serai chez moi toute la soirée. » Puis il rédigea un prière d'insérer sur le manuscrit de Françoise Moret, avec un nouveau titre : *Le Refus.* Ce que n'importe quel psychiatre, se dit-il, même le plus obtus, saurait interpréter. Caroline Houdert, à qui il soumit le prière d'insérer, une heure plus tard, observa que le contenu de ce texte était plus séduisant que le manuscrit lui-même.

— Tu lui prêtes des intentions et des sous-entendus que je n'ai pas vus dans le roman de Françoise. Mais c'est parfait.

Il quitta son bureau très tôt, avant dix-huit heures, pour rentrer chez lui à pied. Depuis la mort de Cressonnière, il évitait de prendre sa voiture pour aller au bureau. Deux kilomètres à pied dans un Paris printanier n'étaient d'ailleurs pas faits pour lui déplaire. Ce soir de juin, ivre de lumière, se défendait de pencher du côté de la nuit. Guillaume pensait à Florence. Elle était devenue un personnage familier de ses rêveries et de ses fantasmes, qu'elle fût dans sa fonction de juge d'instruction, dans celui de jeune femme réservée ou dans celui d'amante passionnée. Il se rappelait avec émotion cette image de Florence la dernière fois qu'ils s'étaient aimés. Au moment de le quitter, elle avait incliné la tête sur son épaule où reposait la main de Guillaume ; elle avait caressé celle-ci de son visage d'un geste félin, mais en y laissant ce qu'un chat n'eût pu faire : une larme.

En regardant sa silhouette et son visage dans une vitrine, il envisagea d'aller se faire poser des implants sur le haut du crâne afin que sa calvitie n'empire pas. Puis il s'adressa un sourire grimaçant et reprit sa marche avec l'impression d'être suivi. Je deviens paranoïaque, se dit-il. Il se retourna et ne vit que des visages anonymes. Qui pourrait le suivre ? Il se traita d'abruti. Pourtant, un sentiment d'insécurité l'habitait, mais il faisait si beau, le ciel était si serein, si souriant ! Il dut traverser une rue pour se diriger vers son domicile, quittant le trottoir pour s'engager sur la chaussée. C'est alors qu'une voiture noire bondit vers lui. Rochant, qui jadis avait été champion junior d'athlétisme, eut l'excellent réflexe de sauter sur le côté. Néanmoins, la voiture noire le heurta et l'envoya rouler sur la chaussée.

Il était encore conscient, il avait mal partout et surtout à la tête : une grande racine de douleur lui brouillait la vue et il s'aperçut qu'il criait. Un attroupement autour de lui, une voix couvrant les autres :

— Ne le touchez pas. Il faut attendre l'ambulance.

Un uniforme bleu se penchait sur lui, lui parlait, mais il n'entendait plus.

Il s'évanouit.

24

FLORENCE LARRIEU

Depuis une heure, Béatrice rattrape les confidences qu'elle n'a pu me faire pendant les deux jours où elle ne m'a pas vue. C'est toujours et encore l'ennui que lui procure la conversation de ma mère (qui, lorsqu'elle ne s'inquiète pas pour sa santé, le fait pour sa fille ou son mari), la certitude qu'a ma grand-mère d'une nouvelle aventure extraconjugale que vit mon père (« il est fichu de *nous* ramener le sida ») et enfin ses recommandations pour mon futur bébé (qui dans mon esprit a de moins en moins de futur, précisément) et pour vivre avec Guillaume, sans l'épouser surtout.

Guillaume, justement. Il faut que je l'appelle, que je lui dise que je suis dans une impasse.

— Béatrice, je dois téléphoner.

— C'est bien, appelle-le et reste réservée. Je t'attends dans ma chambre.

Mais le téléphone de Guillaume ne me livre qu'un répondeur annonçant qu'il sera là à partir de dix-huit heures trente. Or il est dix-neuf heures trente. Bizarre. Je le dis à Béatrice qui, elle, a réponse à tout :

— Les hommes n'ont jamais la notion de l'heure. Ils prétendent que ce sont les femmes, mais si nous n'étions pas là, ils rateraient toujours leur avion. Tu l'appelleras après dîner.

Ce que je fais à vingt et une heures. Et là, en entendant l'exaspérant message du répondeur, je commence à m'inquiéter. J'appelle mon propre numéro pour interroger mon propre répondeur. Mais nul message de Guillaume.

— Tu l'as découragé, observe Béatrice. Il a dû accepter une invitation à dîner.

Ce qui ne me rassure qu'à moitié.

— Je crois que je vais rentrer chez moi. S'il m'appelle...

— Et tu prétends ne pas être attachée à ce garçon ! Attends encore un peu. Je t'autoriserai à partir à dix heures.

Mais au bout d'une demi-heure, je rappelle chez lui et je me mets à haïr ce répondeur, cette voix qui radote le même message mensonger.

— Je pars, Béatrice.

— Il t'appellera aussi bien ici.

— Je ne lui ai pas donné le numéro, qui est sur la liste rouge.

— Bien fait pour toi. Ta méfiance imbécile...

Mais j'ai déjà attrapé la laisse de Caresse et nous filons vers mon domicile. Je ne puis croire que Guillaume ait volontairement négligé de me prévenir qu'il ne serait pas chez lui ce soir. J'imagine le pire et j'écourte la promenade de Caresse qui pourtant me supplie du regard pour que je m'attarde autour de la place du Panthéon, sous ce ciel doux et pur.

Commence mon attente que j'essaie de supporter en étudiant un dossier. Peine perdue. Tous les quarts d'heure j'appelle le numéro de Guillaume en souhaitant presque qu'une femme réponde plutôt que cet appareil enregistreur qui n'a pas été créé pour les amants : il est trop cruel, trop déshumanisé.

A vingt-trois heures, stridence d'un téléphone jusque-là silencieux. Je m'oblige à compter jusqu'à trois avant de répondre. Mais c'est la voix d'une amie de fac qui me demande l'adresse de mon gynécologue. Je la lui donne et raccroche aussitôt.

J'ai réussi à me mettre en pyjama et à me brosser les dents quand, à vingt-trois heures quarante-cinq, une surveillante de nuit de l'hôpital Cochin me demande si Guillaume Rochant est un parent ou un ami. Un bloc de glace tombe sur moi. Je dis oui parent, oui ami.

— Il est dans mon service, précise la surveillante. Blessé. Traumatisme crânien, plusieurs côtes cassées. Diagnostic réservé. Rappelez demain, vous pourrez peut-être le voir.

Il est vivant, Dieu soit loué. Pour l'instant, je ne demande pas autre chose.

Accident sur la voie publique, me précise le lendemain matin un rapport de police. Guillaume Rochant a traversé imprudemment la chaussée et le chauffard ne s'est pas arrêté. Tous les témoins l'affirment. Il ne pouvait pas prévoir que personne ne relèverait l'immatriculation de la voiture noire.

J'attends onze heures et d'être entre deux interrogatoires pour appeler l'hôpital Cochin. Je pourrai voir Guillaume en fin de journée. Inutile de préciser que je ne suis pas très performante aujourd'hui. Paul ne peut s'empêcher de me le faire remarquer dès que mon dernier « client » est sorti.

— Des ennuis, madame le Juge ?

— La routine, Paul.

— Vous n'avez pas bonne mine.

— Vous non plus.

Ce qui brise son élan.

Je n'ai jamais conduit aussi vite, et, contre toute attente, ma voiture ne proteste pas. D'habitude, j'ai horreur des hôpitaux, mais cette fois je ne remarque rien, pas même l'odeur écœurante du désinfectant, à peine masquée par le fumet de l'éternelle soupe aux poireaux-pommes de terre servie aux malades.

Guillaume y a droit, mais il n'y a pas touché. Il a la tête bandée comme un maharadjah et sourit quand il me voit entrer :

— Surtout, ne me faites pas rire, j'ai mal partout.

— Je n'ai vraiment pas envie de rire. Que disent les médecins ?

— Que j'ai eu de la chance. Si je n'avais pas bondi sur le côté, j'étais cuit. Quelques côtes cassées, des hématomes sur tout le corps et un traumatisme crânien. Ce matin, le scanner n'a pas révélé de fracture du crâne. J'ai les os solides, mais je dois rester en observation pendant deux ou trois jours.

— Racontez l'accident.

— C'est au juge Larrieu que je dois parler ou à Florence ?

— Aux deux. Un accident, vraiment ?

— Non. Mais j'ai dit oui aux flics qui, tout à l'heure, m'ont interrogé.

— Pourquoi avez-vous menti ?

— Pour vous laisser l'initiative. J'avais l'impression d'être suivi mais je ne pensais pas que mon agresseur serait en voiture. Je me suis avancé sur la chaussée ; c'est alors qu'une voiture noire a bondi puis a filé sans qu'on puisse l'identifier.

— Avez-vous entr'aperçu le conducteur ?

— Non, c'était trop brutal. J'ai pensé à sauter sur le côté, c'est tout, mais ça m'a sauvé la vie.

— Avez-vous une idée concernant votre chauffard ?

— Je ne me risquerai pas à désigner quelqu'un, c'est trop grave. Mais je suppose qu'on a peur de moi, de ce que je peux savoir, et qu'on perd la tête. A vous de jouer, Florence.

— Je suis dans une impasse. Aidez-moi, ça vous aidera.

Il soupire et grimace. Même un soupir le fait souffrir.

— Est-ce qu'un flic peut me protéger ici où tous les visiteurs peuvent entrer et sortir sans qu'on les fouille ?

— Je vais m'en occuper, dis-je.
— Où en êtes-vous ?
— Pas loin. Le dernier roman publié de Françoise Moret n'a pas le même style que le nouveau manuscrit. Jérôme Lacarrère l'aurait-il aidée ?
— Je vais vous confier ce que j'étais seul à savoir depuis le début. Même Caroline Houdert et son père l'ignoraient. C'était Simon Liénard qui récrivait tous les manuscrits de Françoise Moret. On peut même dire qu'il les *écrivait* car c'était à partir de brouillons qu'il travaillait. J'avais juré de n'en rien dire mais ça devient trop grave. Je suppose que lorsque Françoise a voulu quitter Simon, cet imbécile l'a menacée de tout révéler à la presse, donc au public. Pour elle, c'est ce qui compte le plus : « mon œuvre », comme elle dit.
— Et elle a passé outre parce qu'elle avait trouvé un autre « nègre » : Jérôme Lacarrère. C'est clair, maintenant. Le style de Lacarrère ressemble en effet à celui du nouveau manuscrit.
— A vous de conclure et à vous de jouer, Florence. Vous avez maintenant toutes les cartes ou presque. Méfiez-vous tout de même. Un accident est si vite arrivé... Ces gens-là n'ont plus rien à perdre.
J'ai envie de l'embrasser mais ce n'est ni le lieu ni le moment.
— Je m'occupe de votre protection, dis-je. Reposez-vous.

Nicole Liénard est de nouveau face à moi, dans mon bureau. Elle s'inquiète :
— Je vous ai tout dit. Je ne vois pas ce que je pourrais ajouter.
— Votre mari amenait-il des manuscrits chez vous ?
— Certainement. Il lisait beaucoup, surtout à la maison.

— Est-ce qu'il corrigeait ces manuscrits ?
— Certains, oui. Il arrivait même qu'il les réécrive entièrement ou presque.
— Pas tous, je suppose ?
— Non. La réécriture était même assez rare.
— Savez-vous quels auteurs subissaient ce traitement ?
— Non. Mon mari était très discret concernant son travail. De toute façon, ça ne m'intéressait pas.
— Ce sera tout, merci, madame.
Elle a l'air étonné et hésite à se lever.
— Vous allez signer votre déposition.
Nicole Liénard est à peine sortie que Paul laisse tomber :
— J'ai l'impression que vous sentez l'écurie, madame le Juge.
— Paul ! Me comparer à un cheval !
— Excusez-moi, mais chaque fois que vous avez cet air-là, que, en quelque sorte vous approchez du but, je ne peux pas m'en empêcher. C'est beau un cheval, madame le Juge, et il y en a de très intelligents.
— Je vous conseille, Paul, quand vous serez marié, de ne jamais comparer votre femme à un animal.
Il éclate de rire :
— Et pourtant, je l'appelle déjà ma petite chatte.

— Alors ? me demande Béatrice à qui j'ai appris que Guillaume avait eu un accident.
— Il est hors de danger, rassure-toi. C'est un homme solide.
Elle m'examine avec ses lunettes-papillon :
— Toi, tu vas mieux. Tu n'es plus décidée à le snober.
— Je ne le snobais pas, je me méfiais. Mais il est à

l'hôpital, démuni, presque paumé. Je ne suis pas un monstre.

— Parfois, j'ai des doutes, dit Béatrice. Pourquoi as-tu choisi d'être juge d'instruction ?

— Parce que je n'avais pas le physique de Marilyn Monroe.

— Tu plaisantes ?

— Non. J'aurais aimé être aussi belle que Monroe.

— Tu es folle car tu es belle.

— Oui, la beauté intérieure, la classe, le charme, je connais, on me l'a déjà servi.

Béatrice s'emporte, fait sauter ses lunettes-papillon :

— Tu as la beauté d'une Katharine Hepburn, et pour moi, Hepburn est plus séduisante que ta Marilyn qui d'ailleurs est morte d'avoir trop plu.

— Pour toi, Hepburn est plus séduisante, oui. Pour les hommes, non.

— Est-ce si important ?

— Je crois. Cette femme qui est mise en examen, cette Françoise Moret est très belle, pas à la façon Monroe, plutôt à la façon Garbo...

— Eh bien ?

— Elle m'a influencée.

— Tu ne vas pas me dire que tu es amoureuse d'elle ! Un ex-mari gay et ma petite-fille lesbienne... Ah non !

— Tes idées libérales n'iraient-elles pas jusque-là ?

— Pour les autres, oui. Pour ma petite-fille, non.

— Rassure-toi, je ne suis pas amoureuse de Françoise Moret, mais je l'ai enviée. Mieux : elle m'a fait comprendre que je devais jouer mon rôle de femme aussi bien que mon rôle de juge d'instruction. Depuis, j'ai envie de plaire aux hommes et surtout à Guillaume.

— Ce qui ne t'empêchera pas de regarder ailleurs. Il faut avoir un solide appétit.

— Grand-mère !

— Je t'interdis de m'appeler grand-mère.

— Quand tu me choques, j'ai le droit.

— Tu es encore coincée, ma petite fille. Espérons que ton Guillaume se rétablisse vite.

Mais le pronostic n'est pas aussi optimiste, les médecins craignant que le traumatisme crânien laisse des séquelles invisibles jusqu'à présent avec l'examen du scanner. J'en profite pour travailler sur les « éléments » fournis par Guillaume.

25

BRUNO BERNARDET

ELLE est libre mais toujours dépendante d'une mise en examen. Son premier sourire a été pour moi, sa première heure de liberté a été pour moi, son premier mensonge a été pour moi. Sa première nuit a été pour elle seule.

Oui, elle m'a d'abord menti dans ce bar où je l'ai emmenée dès sa sortie de prison pour y boire le champagne dont elle avait envie depuis longtemps.

— Qui est dans votre vie ?

J'avais osé. Mon regard intense réduisait son admirable visage. Je crus deviner un sourire intérieur sous son impassibilité.

— Personne.

Je devais apprendre dès le lendemain qu'un certain journaliste, Jérôme Lacarrère, déjeunait le jour même avec Françoise et la raccompagnait chez elle. Un coup de poignard m'eût sans doute fait moins souffrir. Mais avais-je le droit de lui reprocher son mensonge ? Avais-je même le droit de lui dire à quel point mon amour pour elle était obsessionnel et désespéré ? Un amour sans considération pour l'avenir, entièrement investi dans le présent. Je n'avais d'ailleurs pas à l'avouer : elle l'avait parfaitement compris.

Dès que je la revis, elle me dit : « Il faut savoir attendre. » A partir de ce moment, j'orientai ma vie sur ce seul but : devenir l'amant de Françoise Moret. Dans tout ce que j'entreprenais, quand je préparais un dossier, quand j'en discutais avec maître Désaleux, quand je conduisais ma voiture, quand je retrouvais Caroline à l'heure du dîner, quand je faisais l'amour avec elle, je luttais pour chasser de mon esprit l'image de Françoise ; c'était devenu une sorte de réflexe : mets-la hors champ, hors circuit, mets-la sur la touche. Ce qui, naturellement, m'était impossible.

Vint le jour où mon attente cessa. C'était une semaine après la libération de Françoise. Elle m'avait reçu chez elle pour que nous discutions de son dossier. Elle ne m'avait jamais paru aussi belle que dans ce sombre tailleur de gabardine dont elle portait la veste sur son buste nu. J'essayais de détourner mon regard de son décolleté, que je posais sur les tons beige et blanc du salon où nous étions assis, elle sur un pouf, moi sur un canapé de cuir crème, la table basse nous séparant. Elle fumait (elle a une manière très personnelle de tenir sa cigarette entre le majeur et l'annulaire) en buvant à petites gorgées une vodka-orange. Nous venions de parler du témoignage de la standardiste Myriam Vitran et je m'en inquiétais. Mais Françoise souriait, disant :

— On peut la piéger. Un bon avocat saura la piéger.

Et elle accentuait son sourire en m'offrant un regard lourd.

— Maintenant, dit-elle en commençant à enlever sa veste.

Elle a une poitrine d'adolescente qui m'a surpris. En fait, la surprise pour moi était totale tandis qu'elle enlevait le reste de ses vêtements. J'ai alors balancé les miens n'importe où et je me suis collé contre elle dans un élan qui ressemblait à un mouvement de panique.

— Doucement, disait-elle, doucement. Ça va être tellement bien.

Mais j'étais fou et je n'avais pas la pudeur de ne l'être pas. J'ai joui très vite et elle a ri sans insister, sans insolence. Elle m'a alors conduit dans sa chambre pour me permettre de réaliser ce « tellement bien » qu'elle avait prévu. Dès ce moment j'ai compris que je venais d'entrer dans un univers dont je ne connaissais pas les règles et j'ai commencé d'avoir peur. Et pourtant je planais, j'avais la grâce des imbéciles, je riais trop fort, de crainte de ne plus jamais savoir le faire. Je ne pensais qu'au corps de Françoise, je le voulais je le voulais je le voulais. Au détriment de tout et de cette personne si importante : ma femme.

Caroline, bien évidemment, avait été la première alertée, elle me connaissait trop pour ne pas avoir constaté que mon comportement avait singulièrement changé, même quand nous faisions l'amour. Elle réagit d'abord avec humour : « Tu jettes ta gourme, méfie-toi du sida. » Puis elle commença à m'insulter : « Tu es un tocard, maître Désaleux ne va pas tarder à s'en apercevoir. »

Quand elle parla divorce, je prévins Françoise.

— Il nous faut un chandelier, dit-elle. Ainsi, tu auras la paix chez toi.

— Quel chandelier ? Qui ?

— Le petit Lacarrère. Il est à ma botte.

— Pourquoi serait-il à ta botte ? Parce qu'il a été ton amant ?

— Quelle importance ! Il est couvert de dettes et il m'arrive de l'aider.

Bientôt, je dus participer au renflouement de Jérôme Lacarrère le flambeur. Ce n'étaient pas de petites sommes et mon compte en banque en souffrit d'autant plus que je dus piocher dans le compte joint que je partageais avec Caroline.

Et le dossier Moret ? Si peu crédible que cela puisse paraître, je ne le négligeais pas, sacrifiant mon sommeil à mes multiples activités. J'avais fini par obtenir de Françoise qu'elle me dise la vérité concernant l'affaire Liénard. Elle m'avoua donc qu'elle faisait récrire entièrement ses romans. Le premier nègre avait été Simon Liénard, qui l'avait menacée de révéler à la presse la vérité si elle le quittait.

— Joli mobile, dis-je.

— Je ne l'ai pas tué.

Elle ajouta après un long silence :

— Je n'aurais pas *su*.

Mais alors, qui avait tué Simon Liénard ? Qui avait tué Pierre Cressonnière ? J'étais en plein brouillard. Cependant, une petite lumière clignotante me permettait tout de même d'avancer à pas prudents. Ce qui se révélait impérieux car je n'étais pas seulement menacé de divorce par Caroline, mais je prenais le risque d'être impliqué dans une affaire d'assassinat. Celui ou celle qui tirait les ficelles pour que je trébuche n'avait plus rien à perdre et agissait avec une habileté diabolique.

Succédant à Simon Liénard, Jérôme Lacarrère était devenu le nègre de Françoise. Je n'osais même plus penser qu'il était également son amant. Elle m'était si nécessaire que ma jalousie n'intervenait plus. Me passer du corps de Françoise, c'était en quelque sorte mourir. Lacarrère et moi, nous nous partagions la superbe romancière et la route glissante qui mène à l'illégalité. Nous avions cessé d'être des ennemis pour devenir des complices. Nous comptions l'un sur l'autre pour découvrir l'ordure qui cherchait à nous piéger.

Jusqu'à la mort de Pierre Cressonnière, poignardé dans le parking des Editions Raymond Houdert, j'avais pensé que ce pouvait être ce directeur commercial, personnage apparemment falot mais complexe, qui s'était vengé des humiliations que lui faisait subir Simon Liénard. Puis j'étais allé plusieurs fois en repérage à la maison d'édition et j'avais constaté qu'au deuxième étage, il n'y avait qu'une seule toilette pour tous les cadres et assistants qui travaillaient là. Ils descendaient donc au premier où il y en avait plusieurs.

Ce soir-là, l'un d'eux avait pu descendre puis tuer Simon et remonter. Le tout en quelques minutes.

Une certitude : Pierre Cressonnière avait vu quelqu'un pénétrer furtivement au premier étage. C'était la raison pour laquelle on l'avait tué. Qui ? Ariane Stocker qui voulait succéder à Simon Liénard à la direction littéraire ? Le directeur financier qui détestait le directeur littéraire ? Le chef de publicité qui se sentait méprisé ? Je devais trouver.

26

FLORENCE LARRIEU

— Madame le Juge, dit Paul qui aujourd'hui semble très fatigué, j'ai besoin d'un café. Puis-je...

— Oui. J'en ai besoin aussi avant d'affronter Jérôme Lacarrère.

— C'est le critique littéraire ?

Là, je dois avouer que Paul m'épate.

— Vous connaissez les articles de Jérôme Lacarrère ? Je croyais que vous ne lisiez que *L'Equipe*.

— Je vous l'ai dit, ma fiancée est abonnée à l'hebdo qui publie les articles de Lacarrère. Je suis ses conseils pour l'achat de livres de poche. Et j'ai vu sa photo : il est très beau, madame le Juge.

— Est-ce important pour vous, la beauté, Paul ?

— Pour une femme, oui. Pour un homme, non.

— Vous êtes bien conventionnel, mon cher Paul.

Il a rougi quand j'ai dit « mon cher Paul » et il avait l'air d'un gamin ce futur époux.

— Si je suis votre cher Paul...

— Filez chercher les cafés !

Quand il revient, j'ai à peine terminé ma conversation avec Guillaume, dans sa chambre d'hôpital. Tout va bien, il sortira dans deux jours.

— Faites entrer M. Lacarrère.

Il est magnifiquement beau, de cette beauté fragile qui dans la jeunesse appelle à haute voix l'amour et se flétrit à la première bise. Myope : ses verres de contact sont visibles pour mon œil de lynx. Avec Françoise Moret, ils doivent faire un couple remarquable.

— Asseyez-vous, je vous prie.

Et allons-y pour les préliminaires :

— Jean Lacarrère dit Jérôme, trente-trois ans, né à Paris IVe. Divorcé, sans enfant. Critique littéraire et dramatique. Condamnation avec sursis (trois mois) pour chèque sans provision.

— Dette de jeu, je suppose ?

— Exact.

— Monsieur Lacarrère, vous êtes très proche de Mme Françoise Moret, qui est toujours mise en examen. Pouvez-vous me dire quelle est la nature exacte de votre relation ?

— Ça intéresse la justice ?

— Si je vous pose la question, c'est que cela intéresse, effectivement, la justice.

— Eh bien, cette relation est d'abord de nature professionnelle : Françoise Moret m'envoie ses romans, comme elle les envoie à la plupart des critiques littéraires ; je les lis et je fais mon travail de critique. Comme j'apprécie le talent et le charme de Françoise Moret, il m'arrive de la rencontrer pour prendre un verre, déjeuner ou dîner. Nous nous entendons parfaitement.

— Mais encore ?

— Je pense que j'ai été clair.

— Collaborez-vous aux romans de Mme Françoise Moret ?

— Vous plaisantez, madame le Juge ?

— Non. Et vous le savez fort bien.

Il transpire et pourtant la température est douce.

— Il m'arrive, dit-il, de suggérer quelques corrections à Françoise Moret, quand elle me confie ses manuscrits avant qu'ils soient publiés, mais ça s'arrête là. Je ne suis d'ailleurs pas un romancier. Françoise Moret n'a pas besoin de moi.

— Mais vous avez besoin d'argent. Comment expliquez-vous qu'un chèque sans provision de soixante-quinze mille francs ait subitement été provisionné pour vous éviter un nouveau délit ?

— J'ai emprunté l'argent à ma banque.

— Qui vous l'a prêté alors que vous êtes au rouge ?

— Mon rédacteur en chef m'a couvert. Et, madame le Juge, je vous prierai de ne pas me garder longtemps : j'ai un rendez-vous professionnel important dans une demi-heure.

— Pour l'instant, vous avez rendez-vous avec moi et laissez-moi décider s'il est important ou non que vous sortiez aussi vite de ce bureau.

— C'est une atteinte à la liberté de tout citoyen, madame le Juge.

— Vous êtes un témoin capital, monsieur Lacarrère. Il s'agit d'une affaire criminelle.

— Une affaire criminelle ? Je rêve.

— Non, monsieur Lacarrère. Vous faites l'objet d'une enquête. J'ai lancé une commission rogatoire pour vérifier votre emploi du temps le 8 mars dernier. Que faisiez-vous ce jour-là entre dix-neuf heures trente et vingt heures ?

— C'est loin. Il faut que je réfléchisse.

— Ce jour-là, entre dix-neuf heures quarante et vingt heures, le directeur commercial des Editions Raymond Houdert a été assassiné dans un parking en sous-sol. Le nom de Pierre Cressonnière n'évoque rien pour vous ?

— Si, il me semble... Je l'avais rencontré deux ou trois fois dans des cocktails.

— Je vous demande de réfléchir à votre emploi du temps ce jour-là et à cette heure-là.

— Je prenais un verre avec maître Bernardet.

— Maître Bernardet est-il votre avocat ?

— C'est un ami.

— Où preniez-vous ce verre ?

— Chez moi.

— Qu'avez-vous fait ensuite ?

— Nous sommes allés dîner chez Lipp. Madame le Juge, je vous le demande encore une fois ; je dois interviewer un écrivain anglais de passage à Paris. Laissez-moi partir.

— Très bien, monsieur Lacarrère, vous pouvez partir. Vous serez à nouveau convoqué. Signez votre déposition.

Il est à peine sorti que Paul s'exclame :

— Ce type-là n'est pas net !

— J'admire votre perspicacité, Paul. Qu'est-ce qui vous fait dire qu'il n'est pas net ?

— Il a peur.

— De quoi peut-il avoir peur ?

— Vous vous moquez de moi ?

— Je n'oserais pas, Paul.

— Si je savais de quoi il a peur, je serais plus fort que vous.

— Pas de basses flatteries. Lacarrère a peur parce que, justement, il en sait plus que moi. Mais ce qu'il ne sait pas, c'est qu'il est surveillé.

En fait, depuis quelques jours, la P.J. vérifie son alibi pour la soirée du 8 mars. Je n'ai pas l'impression d'avoir fait un grand pas mais j'ai néanmoins la conviction d'être sur la bonne voie.

Et maintenant, à nous deux Guillaume. Je n'aurai pas pitié de votre état, je vous interrogerai dans le cadre de votre chambre d'hôpital. Depuis quelque temps une idée restait enfouie dans mon subconscient, qui par moments venait me harceler comme une démangeaison. Mais je n'avais pas le courage de la regarder en face. Or la nuit dernière, au moment de m'endormir, dans cette frange de sommeil entre rêve et réel, dans cette frange où tout est possible et lumineux, j'ai compris que vous mentiez par omission, ce qui est aussi grave que de mentir sciemment. Et toute l'affaire Liénard-Cressonnière est devenue claire.

J'hésite à me confier à Béatrice avant d'aller à l'hôpital, mais je crains trop qu'elle ne me freine...

Me voici donc à Cochin marchant dans ces couloirs aseptisés (le sont-ils vraiment ?) vers la chambre de Guillaume Rochant. La surveillante me reconnaît et me dit : « Tout va bien, il sortira demain. » J'ai envie de lui répondre qu'il n'aura peut-être pas envie de sortir de son cocon.

Il est debout, en robe de chambre, immense et pâle. Il me propose de faire un tour dans les jardins de l'hôpital, mais je préfère l'intimité de sa chambre. M'emparant d'une chaise, je lui ordonne de s'asseoir dans le fauteuil ou, mieux, de regagner son lit.

— Vous voulez me faire une déclaration, Florence ?

— Non, c'est vous qui allez la faire.

— Je ne comprends pas.

— Guillaume, mon greffier n'est pas là et je vous épargne le cérémonial de mon cabinet. Nous allons reprendre votre témoignage pour le jour du meurtre de Simon Liénard.

— Entre dix-huit heures et dix-neuf heures, j'étais dans le bureau de Caroline, je vous l'ai dit.

— Mais vous vous êtes absenté un instant, ce qu'a confirmé Caroline Houdert. C'est cet instant-là qui m'intéresse.

Il est pâle à hauteur des tempes mais ses joues se sont brusquement empourprées.

— Qu'avez-vous fait... plus exactement, qui avez-vous vu pendant ces quelques minutes hors du bureau de Caroline Houdert ?

— Mais...

— Ne mentez plus, Guillaume, ça pourrait être très grave pour vous.

Il a un soupir d'autant plus douloureux qu'il souffre encore de ses côtes cassées.

— Parlez !

— Bien, puisque vous êtes sur la bonne piste : j'ai vu

Françoise Moret sortir du bureau de Simon Liénard, mais elle était si pressée qu'elle ne m'a pas aperçu.

— Quelle heure était-il ?

— Je n'ai pas regardé ma montre.

— Mais Caroline Houdert l'a regardée, elle qui devait avertir la standardiste qu'elle pouvait se préparer à partir. Il était donc dix-huit heures cinquante. La standardiste n'a pas menti.

— Ce qui impliquerait que Françoise, elle, a menti.

— Exact. Pourquoi ne lui avez-vous pas signalé votre présence ?

— Elle paraissait si bouleversée que je n'ai pas osé.

— A-t-elle descendu l'escalier immédiatement ?

— Non. Elle est entrée un bref instant dans le bureau inoccupé de Raymond Houdert, sans allumer. Mais comme le couloir était éclairé, j'ai pu distinguer sa silhouette.

— Pierre Cressonnière a entr'aperçu quelqu'un et il a dit qu'il s'agissait peut-être d'une femme. Avez-vous vu Cressonnière ce soir-là ?

— J'étais en partie dissimulé par la porte entrouverte de mon bureau et je l'ai juste vu entrer dans les toilettes. Il n'a pas pu me voir.

— Tout concorde, maintenant. Françoise Moret a tué Simon Liénard avec le coupe-papier du bureau de Raymond Houdert, arme qu'elle a remise à sa place après l'avoir rapidement nettoyée. Le labo va l'analyser pour voir s'il reste des traces de sang. Et j'attends le résultat de l'enquête de la P.J. sur Jérôme Lacarrère qui serait impliqué dans le meurtre de Pierre Cressonnière.

— Pourquoi aurait-il tué ce malheureux directeur commercial ?

— Pour deux raisons. Primo : Pierre Cressonnière avait peut-être reconnu Françoise Moret entrant dans le bureau de Raymond Houdert. Secundo : en tuant Cressonnière pendant que Moret était en prison, il égarait les soupçons et il était à peu près sûr que sa maîtresse serait libérée.

— Je suis effondré pour Françoise. Et j'ai peur pour moi. Vous m'avez fait jouer un rôle de mouchard.

— Ne soyez pas excessif, Guillaume, et dites-vous que je vous suis reconnaissante.

Je me lève :

— Il faut que je me sauve.

— Le terme est parfaitement choisi : vous vous *sauvez* et je suis en danger.

Je me penche vers lui et jette un rapide baiser sur son front, qui a le goût suave et un peu écœurant de la tendresse.

— A bientôt, Guillaume. Je vais préparer l'assaut final. J'espère que vous serez fier de moi.

— Je n'en doute pas.

Mais le ton est amer.

27

FLORENCE LARRIEU

— FAITES entrer M. Lacarrère.

Il est moins fringant que la première fois, il a l'air d'un homme qui n'a pas dormi et qui est prêt à tout pour éviter le pire.

J'ai sous les yeux le rapport de l'inspecteur principal Patrice Veber, et j'en lis l'essentiel à haute voix pour Jérôme Lacarrère :

« Déposition de M. Jean-Louis Petitbon, expert comptable demeurant 17, rue du Cherche-Midi, Paris VIe. “ Je suis sorti de chez un client le 8 mars 1993 à 19 heures 55. Ma voiture était garée un peu plus loin, à proximité d'un parking. Je m'y suis installé et j'ai démarré au moment où un jeune homme blond surgissait du parking à pied, ce qui m'a paru bizarre. J'ai dû freiner pour l'éviter. Il ne s'est même pas retourné, il a filé vers le haut de la rue comme s'il allait rater un train et il s'est engouffré dans une Opel Astra. Intrigué, je l'ai suivi pendant cinq cents mètres environ et j'ai mémorisé l'immatriculation de sa voiture. Ma mémoire est excellente pour les chiffres : 825 KFP 75. »

Je regarde Jérôme Lacarrère qui est juste un peu plus pâle. Mais j'ai l'impression de respirer son angoisse.

— C'est ma voiture, dit-il.

— En effet, c'est votre voiture, à votre nom. Nous avons vérifié.

— Mais ce n'est pas moi. Je suis sûr que ce témoin ne

pourrait pas me reconnaître. J'avais laissé ma voiture dans la rue, devant chez moi, les clés sur le contact, dans l'espoir qu'on me la volerait car je n'arrive pas à la vendre, elle est cabossée. Ainsi l'assurance paierait. On me l'a donc volée.

— L'avez-vous retrouvée ?

— Je ne sais pas. Je n'ai pas eu à l'utiliser.

— Monsieur Lacarrère, vous vous enferrez. Il serait plus simple de dire la vérité.

— La vérité, c'est que ce jour-là, à cette heure-là, je prenais un verre chez moi avec maître Bruno Bernardet. Il peut en témoigner.

— L'inspecteur principal Veber a interrogé maître Bernardet. Qui affirme n'être venu chez vous qu'à vingt heures trente.

— Mais c'est impossible, proteste Jérôme Lacarrère. J'ai besoin d'un avocat.

— Pour l'instant vous êtes interrogé comme témoin.

— Je veux un avocat !

— Vous l'aurez, monsieur Lacarrère, vous l'aurez tôt ou tard. Téléphonez d'ici ou, si vous préférez, du hall : il y a là des cabines. En attendant, je recevrai Mme Moret et son conseil.

J'ai beau être fatiguée et nauséeuse, je me sens soudain très excitée par l'atmosphère de mon cabinet.

Françoise Moret fume sans m'avoir demandé si c'est autorisé. Ça ne l'est pas, mais je ne le lui fais pas remarquer. C'est peut-être la cigarette du condamné. Quant à maître Bernardet, il est nerveux.

Je prends ma voix la plus suave pour dire :

— Madame Moret, de graves accusations remettent en cause votre liberté.

— Lesquelles ? demande maître Bernardet.

— Nous allons commencer par l'affaire Liénard. Un

témoin, la standardiste, vous a vue sortir des Editions Raymond Houdert à dix-huit heures cinquante. Un autre témoin vous a vue sortir du bureau de Simon Liénard deux minutes plus tôt, puis entrer dans le bureau de Raymond Houdert avant de repartir et descendre du premier étage.

— Qui est ce témoin ?

— Guillaume Rochant.

— C'est impossible ! dit maître Bernardet en criant presque. Pourquoi ne l'a-t-il pas dit plus tôt ?

— Il pensait que le témoignage de la standardiste suffisait. Je lui ai fait comprendre qu'il était de son intérêt de dire *toute* la vérité.

— Vous lui avez arraché ce faux témoignage !

— Je vous en prie, maître. Si quelqu'un a agressé M. Rochant, ce n'est ni la police ni moi. M. Rochant est à l'hôpital. On a cherché à le tuer.

— Je ne savais pas, dit Françoise Moret dans un souffle.

— J'en doute.

Mais, curieusement, je la crois sincère.

— Madame Moret, vous êtes en état d'arrestation pour le meurtre de Simon Liénard. De graves présomptions pèsent sur vous.

— Madame le Juge, dit maître Bernardet, les deux témoignages que vous avez cités il y a un instant ne peuvent être pris en considération. Le premier émane d'une jeune personne étourdie et peu fiable ; le second, d'un homme qui a été l'amant de ma cliente et qui, par dépit d'avoir été quitté, se venge bassement. Nous retiendrons en tout cas que son témoignage arrive bien tard. Pourquoi n'a-t-il pas parlé plus tôt ?

— Les raisons que vous invoquez pour douter de la bonne foi de ce témoignage sont précisément celles qui l'ont empêché de parler plus tôt.

— Pouvez-vous me dire quelles sont les autres charges,

en admettant que celle-là en soit une, qui pèsent sur ma cliente ?

— Le mobile, maître.

— Le mobile ? Mais il me semblait que le crime passionnel avait été écarté...

— Mme Françoise Moret avait un mobile plus puissant, plus calculé pour tuer Simon Liénard : il la menaçait de révéler à la presse, donc à ses lecteurs également, que c'était lui-même qui écrivait tous ses manuscrits. Au départ, elle ne lui confiait qu'un premier jet, une sorte de brouillon assez maladroit, sans structure, sans style. Il y mettait le sien et son savoir-faire.

— Encore faudrait-il avoir la preuve de ce que vous avancez, dit maître Bernardet.

— Je l'ai, maître.

Je fais glisser sur le bureau une photocopie du manuscrit original que m'a confié la veuve de Simon Liénard. Puis suivent un exemplaire du dernier livre de Françoise Moret et le nouveau manuscrit de la romancière.

Maître Bernardet s'empare de tous ces textes, leur jette un regard et hausse les épaules. Ce qui m'agace.

— Madame Moret, dis-je, Simon Liénard était très discret quant à son travail de « nègre ». Ses éditeurs eux-mêmes, Raymond et Caroline Houdert, n'étaient pas informés. Mais il n'avait pas pu abuser Guillaume Rochant qui, lui, avait été à l'origine de votre collaboration avec les Editions Raymond Houdert. Guillaume Rochant avait lu votre premier brouillon et il savait à quoi s'en tenir quant à votre style. Lui aussi était d'une discrétion farouche. Révéler la vérité n'eût pas été dans son intérêt et...

Maître Bernardet m'interrompt :

— Je ne vois pas pourquoi ma cliente aurait tué Simon Liénard, l'homme qui lui rendait de si grands services. C'est absurde.

— Non, maître. Car Mme Moret avait trouvé un autre « nègre », qui était également son amant : le journaliste

Jérôme Lacarrère. Quand elle a voulu rompre avec Simon Liénard, celui-ci l'a menacée : si elle le quittait, il révélerait publiquement qu'il récrivait ses manuscrits. Voilà le mobile du crime et voilà la raison pour laquelle le manuscrit original qui se trouvait sur le bureau de Simon Liénard ce jour-là a disparu. Mme Moret a tué son ancien amant et fait disparaître la preuve de son manque de talent. Mais elle avait oublié les autres manuscrits originaux confiés à Liénard, que celui-ci avait gardés et dont vous avez en main un exemplaire, maître.

— Tout cela relève de la pire fiction romanesque, madame le Juge, permettez-moi de vous le dire, s'indigne maître Bernardet.

Mais il manque de conviction. Françoise Moret intervient :

— Simon Liénard corrigeait mes manuscrits, comme il le faisait pour la plupart de ses auteurs. Cela dit, je ne l'ai pas tué. Je suis innocente.

Même si elle l'était, je suppose qu'elle aurait la même voix calme, dépassionnée.

— Je vous fais remarquer, madame le Juge, que le directeur commercial, Pierre Cressonnière, a été assassiné pendant l'incarcération de ma cliente, dit maître Bernardet. Ce sont deux homicides qui se ressemblent.

— Et qui n'ont pas été commis par la même personne, c'est évident, maître. Pour cet autre homicide, j'interrogerai M. Lacarrère.

Un battement de cils, c'est tout ce que j'obtiens de Françoise Moret. Mais je la devine beaucoup plus atteinte que lorsqu'elle est entrée dans mon bureau. Sa colère silencieuse est plus impressionnante que des cris.

— Maintenez-vous l'arrestation de ma cliente ?

— Plus que jamais. Nous reprendrons son interrogatoire dès que j'aurai vu M. Lacarrère.

Ils se lèvent et le plus pâle des deux est maître Bernardet.

— Devrons-nous attendre ici ?

— Non. Vous reviendrez demain. Mais dès maintenant, Mme Moret va regagner sa cellule.

— Je vais adresser au Parquet une demande de liberté, dit maître Bernardet.

— Je doute qu'elle soit acceptée. Au revoir, maître, au revoir, madame.

Ma voix n'est qu'un souffle. Alors la belle romancière se met à crier, ce qui surprend tout le monde :

— C'est une erreur impardonnable, madame le Juge ! Je suis une victime !

Puis elle sort, très digne, et rejoint les deux gardiens qui l'attendent derrière la porte.

— Eh bien, dit Paul, quand nous restons seuls, vous menez rondement les choses. Est-elle vraiment coupable ?

— Que souhaitez-vous, Paul ?

— Elle est trop jolie pour être honnête... Bon bon, ne me traitez pas de macho. Elle est coupable puisque vous le dites. Mais tout de même, tuer un homme parce qu'il menace de révéler que vous n'avez aucun talent littéraire, c'est énorme.

— C'est un mobile plus fort que l'amour, Paul, du moins pour une romancière à succès. Ce qui ne lui vaudra pas pour autant des circonstances atténuantes, surtout si le jury a votre réaction : trop belle pour être honnête.

— Tout cela me dépasse un peu, conclut-il. Vive ma fiancée qui n'a pas ce genre de problème !

— A quand le mariage, Paul ?

— En juillet. J'espère que vous pourrez venir.

— Si je ne suis pas en Grèce.

— Voyage de noces, madame le Juge ?

Je me sens rougir. J'attrape machinalement la cigarette que me tend Paul puis je la remets dans le paquet : sa vue seule me donne la nausée.

— Plus de mariage pour moi, Paul. C'est une expérience intéressante, mais il ne faut jamais insister.

— Vous ne fumez plus ?

— Non, j'ai arrêté. Très mauvais pour les poumons, le cœur et...

— Les bébés, dit-il avec un gentil sourire. Ma fiancée ne fume pas, Dieu merci.

— Je prévois que vous allez être un père attentif.

— Le plus tard possible, madame le Juge. Il faut d'abord trouver un appartement dont le loyer corresponde à nos deux salaires. Le mien est si bas !

— Le mien n'est pas haut, Paul. Quinze mille francs par mois pour le personnage qui, en France, a tant de pouvoir. Portons un toast à nos bas salaires.

28

FLORENCE LARRIEU

IL est moins beau, aujourd'hui, Jérôme Lacarrère, critique littéraire, amant et « nègre » de Françoise Moret. Pendant la première demi-heure, soutenu par son jeune avocat, maître Hervé Lebossé, il a nié, mais il commence à flancher.

— Nous avons la preuve, dis-je, que Françoise Moret a remis un chèque de cinq cent mille francs à M. Lacarrère. Dans quel but ?

— Rembourser une dette de jeu.

— N'est-ce pas plutôt pour service rendu ?

— Françoise Moret n'est pas un enfant de chœur, intervient maître Lebossé, si elle s'était prêtée à l'opération ignoble que vous suggérez, madame le Juge, elle aurait donné cette somme en argent liquide.

— Admettons, dis-je patiemment bien que la faim me tenaille. Reprenons les faits : à vingt heures, le 8 mars, un témoin, M. Petitbon vous voit sortir du parking des Editions Raymond Houdert. Il vous suit en voiture et note le numéro d'immatriculation de la vôtre.

— A vingt heures, j'étais chez moi, je regardais les infos télévisées avec maître Bernardet.

— Sur quelle chaîne ?

— La 2. Je préfère la 2.

— Quels sont les événements dont Bruno Masure a parlé ce soir-là ?

— La Bosnie, je crois, et les élections.

— Vous aimez bien Bruno Masure, n'est-ce pas ?
— Oui. Il a de l'humour.
— Eh bien, ce soir-là, ce n'était pas lui. Bruno Masure était en vacances. Hervé Claude le remplaçait.
Silence. Puis maître Lebossé intervient :
— A plus de deux mois de distance, l'erreur de mon client est tout à fait normale.
— Pourtant, il croit se rappeler qu'il était ce soir-là avec maître Bernardet.
— On nous a vus chez Lipp
— Oui, à plus de vingt et une heures. Monsieur Lacarrère, l'inspecteur principal Veber qui a interrogé maître Bernardet vient de me téléphoner : maître Bernardet a précisé n'être pas allé chez vous avant vingt heures trente.
— On connaît la façon d'interroger des policiers, dit Lacarrère, cet aveu lui a été arraché, il a dit n'importe quoi pour avoir la paix.
Maître Lebossé a soudain l'air ennuyé. Je reprends :
— Monsieur Lacarrère, c'est vous qui dites n'importe quoi. Vous vous enferrez, vous feriez mieux d'avouer.
— Quels aveux ? Que voulez-vous me faire dire ?
— Que vous avez tué Pierre Cressonnière. Que cet homicide devait permettre d'obtenir la liberté de Françoise Moret dont vous êtes l'amant ainsi que maître Bernardet qui vous a transmis le chèque de la romancière. Un chèque de cinq cent mille francs !
— Madame le Juge, je me permets de vous rappeler que vous portez là de graves accusations, proteste maître Lebossé.
— Faux ! C'est complètement faux ! s'indigne Lacarrère.
— J'ai les preuves sous les yeux, dis-je.
— Elles sont réfutables, madame le Juge, j'en suis convaincu. Mais accordez-nous quelques heures de délai : mon client est fatigué et je dois étudier le dossier.
— Nous reprendrons demain cet interrogatoire.

Je suis, moi, non seulement fatiguée mais nauséeuse et j'ai dû me précipiter aux toilettes, maître Lebossé et son client à peine sortis. Quand je reviens, Paul a un sourire protecteur qui m'agace.

— J'ai dû manger une saleté dans cette cafétéria, ça ne passait pas.

— Vous mangez souvent des saletés depuis quelque temps, madame le Juge. Vous devriez consulter un médecin.

— Paul, ne soyez pas sarcastique, ce n'est pas le moment.

— En fait, ce n'est jamais le moment.

— Non !

C'est la première fois que j'ai envie d'insulter Paul. Il doit s'en rendre compte car il se lève et sort sans un mot.

Ce soir, je vais rentrer chez moi et je n'appellerai ni Guillaume ni mes parents. Je laisse le répondeur branché et après avoir pris un somnifère je me couche et dors pendant huit heures.

Le lendemain, après trois heures d'interrogatoire, Jérôme Lacarrère nie toujours avoir assassiné Pierre Cressonnière ; nie être sorti du parking à vingt heures, et, fou de rage par sa mise en examen, crie : « La justice est bafouée, madame le Juge, et la magistrature se ridiculise. » Mais il a avoué avoir entièrement réécrit le dernier manuscrit de Françoise Moret.

Je reste seule face à mes propres problèmes et je suis inquiète. Cet enfant, je ne le veux pas et j'appréhende de me faire avorter. Béatrice ne peut m'être d'aucun secours, ni mes parents, encore moins Guillaume dont je suis amoureuse, ce qui n'est peut-être qu'une brève passion.

Dans l'après-midi Françoise Moret a persisté à clamer son innocence. Et ce soir je vais dîner avec Guillaume.

Sorti de l'hôpital depuis trois jours, un peu amaigri mais encore costaud, il me propose de fêter ce qu'il appelle « mon triomphe professionnel », qui me laisse néanmoins sceptique. Mais je ne puis lui refuser ce dîner.

— J'invite également vos parents et votre grand-mère.

— Ce serait trop officiel, Guillaume, je n'en suis pas là.

— Je vous en prie.

Je lui accorde Béatrice, beaucoup moins dangereuse que ma mère qui serait capable de parler dot, trousseau, contrat de mariage et Dieu sait quoi.

Quand j'annonce l'invitation à Béatrice, elle pousse un cri de Sioux :

— Enfin ! Je vais pouvoir le voir ce Prince Charmant.

— Il perd ses cheveux.

— Ne sois pas si pessimiste. Je lui donnerai une recette pour les maintenir et même les faire repousser. Mon sénateur...

— Je sais, Béatrice.

— Insinues-tu que je radote ?

— Tu es exquise parce que tu ne radotes pas, précisément. Mais j'ai peur qu'il te déçoive.

— Un homme qui a su séduire ma petite-fille ne peut pas me décevoir.

— J'insiste : ce dîner au Récamier n'a rien d'officiel. Simplement une réunion de personnes qui s'aiment.

Mais j'ai un trac impitoyable : Guillaume va-t-il plaire à Béatrice ? Béatrice va-t-elle décevoir Guillaume ? Je lui ai brossé un portrait de ma grand-mère avec un mélange de vitriol et de miel. A eux de jouer. Je suis si fatiguée que je demande à Béatrice de prendre un taxi pour venir chez moi où Guillaume se propose de nous chercher.

Je devrais être heureuse ou du moins satisfaite d'avoir fait boucler Françoise Moret et d'avoir mis en examen Jérôme Lacarrère. Mais j'ai encore dans l'oreille le cri de la romancière : « C'est une erreur impardonnable ! Je suis une victime », et dans les yeux le visage exsangue de

Jérôme Lacarrère qui lui aussi a crié : « La justice est bafouée, la magistrature se ridiculise. »

— Tu ne vas pas y aller en pantalon, me dit Béatrice qui vient d'arriver en tailleur Chanel. Ou alors en habit, comme Marlène Dietrich, la grande star de ma jeunesse. J'essayais de l'imiter. Je m'obligeais à fumer plus d'un paquet de cigarettes par jour afin de faire baisser le timbre de ma voix, pour avoir ce qu'on appelait une *whisky voice* et qui était celle de Garbo et de Dietrich. Mets un tailleur, tu ne risques rien, tu as gardé ta taille de guêpe. Je me demande s'il s'agit vraiment d'une grossesse.

— Hélas oui ! Je sens que je vais craquer, qu'il va m'arriver une tuile.

— Angoisse de femme enceinte. A propos, j'espère que tu vas annoncer à ton Guillaume qu'il sera bientôt père.

— Pas question ! Trop tôt. Laisse-moi souffler.

— Je ne te comprends pas, soupire-t-elle.

— Moi non plus, je ne me comprends plus. Mais tout cela va changer. J'ai besoin de repos. Si nous partions ensemble ?

— Et Guillaume ?

— Il viendrait nous rejoindre. La Grèce, qu'en dis-tu ?

— Trop chaud, objecte ma grand-mère. Nous sommes en juin. Je suggère Le Touquet ou Deauville.

— Il faut d'abord que je boucle mes dossiers. Quelques jours difficiles.

— En attendant, sois charmante et gaie pendant ce dîner. Les hommes détestent les femmes moroses.

— Si tu te préoccupais un peu plus de ce que nous détestons, nous les femmes.

— Contrairement à ce que tu pourrais croire, je m'en préoccupe en priorité mais j'ai l'habileté de ne pas le montrer.

Elle sera parfaite avec Guillaume, j'en ai la conviction.

Je souhaiterais presque qu'elle dîne seule avec lui. Lui, décidément amaigri et plus que séduisant ; je le lis dans les yeux de Béatrice qui ne sait pas dissimuler son admiration.

Durant le trajet en voiture, Guillaume raconte des histoires d'écrivains, célèbres et inconnus, ce qui épate ma grand-mère. Au restaurant, il propose de choisir pour nous un menu : melon au porto, loup grillé, fraises à la crème. Rien que cet énoncé me donne la nausée, mais je reste stoïquement assise à la table.

— Comment avez-vous fait pour paraître aussi jeune ? demande Guillaume à Béatrice.

— J'ai multiplié les maris.

— Si votre petite-fille vous ressemble, il va falloir que je me méfie.

Puis leur conversation devient pour moi une sorte de chuchotement, je regarde ma grand-mère et Guillaume qui ont des visages flous, de plus en plus flous... et je me sens partir vers un sommeil brutal comme la mort. Qui ne dure que quelques secondes car j'entends à nouveau les voix de Béatrice et de Guillaume mais très étouffées... « Il faut appeler une ambulance ou un médecin... » « Non, l'hôpital Broussais est à cinq minutes... » Je suis soulevée par des bras puissants, ceux de Guillaume, et je meurs à nouveau, heureuse.

Un jeune homme en blouse blanche vient de me réveiller en me tapotant les joues : l'interne de garde. Je me trouve au service des urgences en compagnie de Béatrice et de Guillaume.

— Tout va s'arranger, tu es en bonnes mains, dit ma grand-mère qui n'en sait rien.

— Vous souffrez ? me demande Guillaume.

Je ne souffre pas mais je sens un liquide visqueux glisser entre mes cuisses, et je pousse un cri.

— Avortement spontané, dit l'interne. On va la

conduire en salle d'op. Ne vous inquiétez pas, ajoute-t-il pour Béatrice et Guillaume, et attendez là.

Un grand coup de lumière blanche me crève les yeux. Quelqu'un se penche sur moi, une voix me traverse la tête, j'entends des cris qui se répondent, on me roule dans des corridors, j'aspire du noir par la bouche et je meurs une nouvelle fois...

Je resurgis quelques heures plus tard dans un lit tout blanc et dans une chambre aux murs crème. Guillaume s'est endormi dans un fauteuil mais il ouvre aussitôt les yeux :

— J'ai mis votre grand-mère dans un taxi. Elle voulait rester, mais il était préférable...

— Vous avez fait pour le mieux. Eh bien, voilà, c'est fini.

— Qu'est-ce qui est fini ?

— L'enfant. L'angoisse.

— Mais nous en aurons d'autres ; je veux dire, des enfants. Florence, voulez-vous m'épouser ?

— Non.

— Pourquoi ?

— Demandez-le à ma grand-mère.

— Vous êtes incorrigible.

— Dieu merci, je n'avais pas emmené Caresse. J'espère que mon père va s'occuper d'elle.

— Nous lui avons téléphoné. Il est très inquiet. Vous devriez l'appeler.

— Je le ferai quand vous serez parti. Qu'a dit le chirurgien ?

— Que tout va bien. Vous sortirez dans deux jours.

— Avant si c'est possible.

— Ne jouez pas les soldats téméraires. Obéissez aux ordres.

— Je crois que je vais dormir. Rentrez chez vous, Guillaume.

— Je reviendrai demain.

Il se penche vers moi pour déposer un baiser sur mon front.

— Ne soyez pas triste, dit-il.

— Je suis soulagée.

Le lendemain, à l'heure du déjeuner, Guillaume est de nouveau là, moins inquiet et plus décontracté :

— Voulez-vous accepter d'aller vous reposer pendant quelques jours, en compagnie de votre grand-mère, dans une maison, à vingt kilomètres de Paris, dont nous avons hérité mon frère et moi ? Mais depuis qu'il est fiancé, Henri est toujours fourré chez sa future belle-famille qui possède une propriété à Joigny. La nôtre est plus modeste, vous verrez. C'est à L'Etang-la-Ville, tout près de Marly-le-Roy et de la forêt de Marly.

— Il faut que je consulte Béatrice. Je n'irai que si elle m'accompagne.

— Je viendrai vous voir pendant le week-end. Je saurai me faire discret...

29

FLORENCE LARRIEU

La proposition de Guillaume a ravi Béatrice, qui a immédiatement préparé ses bagages. Pour une semaine de vacances, elle n'emporte pas moins de deux gros sacs de voyage, qu'il me faut caser, avec le mien et Caresse, dans ma petite Renault. Le substitut à qui j'ai dit la vérité (avortement, c'était plus simple) m'a accordé ce congé et donné sa bénédiction.

Quand nous découvrons la maison de Guillaume, Béatrice s'exclame :

— C'est un gratte-ciel pour nains.

Le bâtiment, crépi en blanc (avec des volets vert anglais), est en effet élancé et très étroit. Il se dresse au milieu d'un jardin anarchique (ceux que je préfère) et comprend un entresol (où vivent les gardiens), un rez-de-chaussée avec salon, salle à manger et cuisine, un étage, deux chambres, une salle de bains et un grenier. Nous nous installons à l'étage où nos chambres se font face. Béatrice se montre enchantée :

— C'est vraiment la campagne française ! Une baignoire ancienne et rouillée, un lavabo dont les robinets couinent, un W.-C. qui menace de s'effondrer... Vive notre belle France.

Comme je sais à peine faire la cuisine et Béatrice encore moins, comme je déteste les plats portugais que nous servirait inévitablement notre charmante gardienne, je demande à ma grand-mère comment il faut procéder.

— Il y a trois solutions, répond-elle. La première : nous allons prendre tous nos repas au restaurant, mais ceux du coin ne doivent pas être fameux, puis le resto c'est lassant. La seconde : nous demandons à la gardienne de les préparer, mais je crains qu'elle ne sache pas faire les plats que nous aimons. La troisième : nous achetons un livre de cuisine, et comme nous ne sommes pas idiotes nous nous lançons nous-mêmes dans l'art culinaire.

C'est évidemment la troisième solution qui est adoptée, et c'est évidemment raté. Le bœuf en daube, le poulet farci à la provençale, le veau bonne femme nous coûtent des heures de préparation et finissent invariablement dans le plat de Caresse qui grossit à vue d'œil. Ecœurée, je dis à Béatrice :

— Je sais tout de même faire les steaks-frites, les spaghetti à la bolognaise et le jambon-purée. Alors, bornons-nous à cela.

— Mais c'est épatant ! Tu es une fée.

Nous nous entendons comme deux collégiennes, et Béatrice n'en finit plus de m'émerveiller. Le matin : promenade en forêt et courses. Déjeuner puis sieste sacro-sainte pour ma grand-mère. J'en profite pour lire car la bibliothèque de Guillaume est riche. A cinq heures, thé puis jeux dans le jardin avec Caresse. Dîner à huit heures pendant les infos télévisées, et s'il y a un bon film ou une excellente émission, soirée télé. Sinon : gin rummy, Béatrice me battant régulièrement à ce jeu de cartes qu'elle a pratiqué pendant des années aux Etats-Unis.

Guillaume téléphone deux fois par jour, parfois trois et même quatre.

— Ce garçon sait aimer, approuve ma grand-mère. Détends-toi.

Mais c'est plus fort que moi, l'incarcération de Françoise Moret ainsi que la mise en examen de Jérôme Lacarrère suscitent mon angoisse et mes cauchemars.

Un après-midi, pendant la sieste de Béatrice, j'entends

une sorte de gémissement de détresse qui vient du grenier : c'est peut-être un chaton ou un oisillon qui est tombé par la lucarne entrouverte. Craignant que le bruit ne réveille ma grand-mère, je grimpe par l'escalier très raide jusqu'au grenier, mais la porte est fermée à clé.

La gardienne, que je vais aussitôt trouver, me dit qu'elle n'a pas la clé et qu'il lui est d'ailleurs interdit de pénétrer dans ce grenier. Je suis prête à téléphoner à Guillaume quand une vieille peur arrête ma main qui décrochait l'appareil. Je me traite d'imbécile, mais la vieille peur a raison de moi.

A Béatrice enfin réveillée, je fais part de mon étonnement et de ma curiosité :

— Pourquoi Guillaume interdit-il qu'on monte au grenier ?

— Parce qu'il y cache des lettres d'amour, sans doute.

Béatrice a réponse à tout, mais cette fois elle n'arrive pas à me convaincre.

— Je veux entrer dans ce grenier.

— Rien de plus facile, dit-elle. Je suppose que tu as vu quelques films de gangsters américains ?

— Très peu.

— C'est un tort car tu saurais comment s'y prennent les truands pour ouvrir une porte fermée à clé. As-tu une carte de crédit ?

— Oui.

— Prends-la et aide-moi à monter ce fichu escalier.

A vrai dire, je n'ai même pas à l'aider : elle est souple comme une gazelle. Un peu essoufflée tout de même en arrivant en haut :

— J'ai voulu frimer, dit-elle, bien fait pour moi. Donne-moi ta carte plastifiée et envoie quelques coups de pied dans la porte en même temps que je glisse cette carte entre le chambranle et la serrure...

Deux minutes à peine et nous pouvons entrer. J'embrasse Béatrice et nous commençons à fouiner comme deux flics. C'est elle qui découvre la perruque blonde et frisée.

— Rigolo, dit-elle. Décidément, tu aimes les hommes équivoques.

Mais j'ai pâli car au même moment j'ai découvert la vieille machine à écrire. J'ai la gorge nouée et je peux à peine parler :

— Trouve-moi une feuille de papier.

— Tu veux écrire tes souvenirs ? me dit-elle en me tendant une feuille de bloc.

Je ne réponds pas, tout occupée à taper quelques phrases.

La perruque blonde, la machine à écrire, une clé de voiture apparemment anonyme, mais je parierais un an de salaire qu'elle a été volée sur la voiture de Jérôme Lacarrère qui laisse toujours ses clés sur le contact de sa vieille Opel, dans l'espoir qu'on la lui volera... Tout cela enfermé dans ce grenier.

C'est étrange comme si déjà, malgré moi, mes idées cheminaient vers une explication que je ne voulais pas admettre, pas plus que je n'ai voulu admettre les signes évidents de mes erreurs concernant la culpabilité de Françoise Moret et de Jérôme Lacarrère.

— C'est grave ? demande Béatrice.

— J'ai peur que oui. Il faut que j'appelle Paul au plus tôt. Après, j'essaierai de t'expliquer ce qui se bouscule dans ma tête.

Nous redescendons avec la perruque et la clé de l'Opel, et je téléphone aussitôt au Palais.

— Madame le Juge ! s'écrie Paul. J'espère que vous vous reposez.

— L'heure n'est plus au repos, Paul. Vous allez prendre le dossier Cressonnière et vous y trouverez trois lettres anonymes : deux sont adressées à Guillaume Rochant ; l'autre à Pierre Cressonnière. J'attends.

Béatrice m'observe avec ses lunettes-papillon :

— C'est la première fois, dit-elle, que je te vois en juge d'instruction. Tu es pâle mais somptueuse.

— Tu devrais ajouter : désespérée.

— Je les tiens, dit Paul.

— Bien. Est-ce que les A sont escamotés vers le haut ?

— Oui.

— Est-ce que les T ont le même défaut ?

— Oui, ainsi que les O. Le ruban de la machine n'est pas seul en cause ; c'est une frappe antédiluvienne.

— Exact, Paul, merci. Je vous rappellerai sans doute.

Après avoir raccroché, je m'effondre mais j'en ai besoin. La catastrophe est là ; je l'ai sortie de moi-même. La catastrophe devrait me soulager puisque l'angoisse plie bagage. Mon chagrin est tout nu.

— Et maintenant, dit Béatrice, je retrouve l'enfant que j'ai connue : fragile mais obstinée. Pleure pleure, laisse venir les larmes, c'est bon quand c'est rare...

Je finis par me moucher et je bénis Béatrice d'être là et de savoir écouter. Car je lui fais part de mes conclusions, avec un pourcentage d'erreur que j'évalue à deux pour cent :

— Béatrice, ce qui me fait le plus mal, et c'est aberrant de la part d'un juge d'instruction, ce qui me fait le plus mal c'est son mobile.

— En es-tu sûre ?

— Quand tu m'auras entendue, tu n'en verras pas d'autre : Guillaume a voulu se venger de Simon Liénard et surtout de Françoise Moret qu'il aimait encore, et il s'est enferré.

— On peut vouloir se venger quand on hait.

— Où est la différence ? C'est un crime passionnel mais froidement calculé et exécuté. Guillaume n'avait jamais pardonné à Simon Liénard de lui avoir pris Françoise Moret, qu'il ne parvenait pas à oublier. Et il ne pardonne toujours pas à Françoise Moret de lui avoir préféré, quand elle a quitté Simon Liénard, le journaliste Jérôme Lacarrère. Il a attendu une opportunité pour se venger des deux. Cette opportunité s'est présentée le jour où Françoise Moret est venue voir Simon Liénard aux Editions Raymond Houdert. Guillaume avait pris à l'avance l'étonnant coupe-papier du vieux Ray, qui vient rarement dans son bureau. Il s'est créé un alibi en restant de dix-huit heures à dix-neuf heures avec Caroline Houdert. Quand il a entendu Françoise Moret quitter le bureau de Simon Liénard, il a dit à Caroline qu'il allait chercher un manuscrit dans son propre bureau, il est entré chez Liénard et l'a poignardé avec le coupe-papier, qu'il a ensuite prestement nettoyé et remis à sa place, chez Raymond Houdert. Mais, en se rendant aux toilettes, Pierre Cressonnière a aperçu une silhouette dans le bureau du vieux Ray. Il a cru, ou voulu croire, qu'il s'agissait d'une femme. Avant tout, il a refusé de se compromettre. Afin de parer à toute éventualité, Guillaume s'est adressé deux lettres anonymes tapées sur sa vieille machine du grenier, et il en a envoyé une autre à Cressonnière pour que celui-ci se tienne tranquille. Il l'a même menacé par téléphone. Multipliant les précautions, il m'a alors séduite afin de suivre de plus près l'enquête. Craignant que Cressonnière l'ait en fin de compte reconnu sans oser l'avouer (mais l'aveu, se disait-il, n'était pas loin), il l'a tué après avoir « emprunté » la voiture de Jérôme Lacarrère dont il savait que celui-ci la laissait dans la rue, la clé sur le contact. Pour le cas où un témoin le verrait sortir du parking, il a mis une perruque blonde. De loin, avec sa haute silhouette, la même que celle du journaliste, on pouvait le prendre pour Jérôme Lacarrère. Triple vengeance puisque Lacarrère est actuellement mis en examen... Béatrice, j'ai besoin d'un verre d'alcool.

Elle me regarde avec incrédulité. Son beau visage s'est soudain creusé, il galope vers son âge réel.

— Je ne peux pas le croire, dit-elle. Tu vois trop de criminels, ma petite fille.

— C'est justement parce que je vois beaucoup de criminels que je pratique cet exercice de déduction aussi aisément.

Béatrice va chercher la bouteille de whisky et des glaçons.

— J'en ai besoin aussi, dit-elle en emplissant généreusement nos verres.

J'ai à peine bu deux gorgées d'alcool que le téléphone sonne et je sais que Guillaume est probablement au bout du fil, mes parents n'appelant que le soir. Je regarde Béatrice qui elle aussi a deviné, et je mets l'amplificateur de son.

— Allô, Florence ?

La belle voix grave. Le velours sur un bloc de dynamite.

— Oui, dis-je en sentant ma propre voix chavirer.

— Comment allez-vous ?

Un silence se glisse entre nous, furtif et froid. A la question la plus anodine qui soit, je ne trouve rien à répondre.

— J'espère que vous n'êtes pas souffrante, reprend Guillaume.

Et sur une impulsion je me lance : un grondement sort de mes poumons comme un vieux moteur qui démarre :

— Je viens de monter au grenier.

Un nouveau silence, puis :

— Avez-vous trouvé la clé ?

Sa voix est à peine altérée.

— Bien sûr que non, dis-je.

— Suis-je bête, c'est moi qui l'ai sur mon trousseau.

— Pas besoin de clé : ma grand-mère a ouvert avec une carte plastifiée.

L'étonnement de Béatrice n'est pas feint. Visiblement, elle ne comprend plus.

— Florence, vous me faites marcher, n'est-ce pas ?

J'ai un petit rire de pur délice, de pur poison.

— Non, Guillaume. Nous avons ouvert et trouvé une

perruque blonde et une vieille machine à écrire, ainsi qu'une clé de voiture, une clé d'Opel Astra.

Cette fois, son silence est une provocation. Je suis sur le point de raccrocher quand il dit :

— Je ne savais pas que vous aimiez plaisanter.

— Guillaume, on ne joue plus.

Et je raccroche brutalement.

— Tu es folle, dit calmement Béatrice. Maintenant, nous sommes en danger.

— Nous sommes les chèvres. Reste à savoir qui sera mangé.

J'appelle aussitôt Patrice Veber à la P.J. et je lui résume la situation, puis :

— Pouvez-vous vous arranger avec Saint-Germain-en-Laye ou Versailles pour qu'on nous envoie quelques effectifs armés le plus tôt possible ?

Je donne l'adresse de la maison de Guillaume à L'Etang-la-Ville.

— Nous les attendrons derrière la cabane à outils qui se trouve au milieu du jardin. Guillaume Rochant n'a plus rien à perdre et il sera sans doute armé. Il a déjà dû quitter les Editions Raymond Houdert où il travaille.

— Nous aurions pu l'arrêter là-bas. Vous prenez un risque considérable.

— Ne perdons plus de temps. Appelez Saint-Germain ou Versailles.

— Tu devrais prévenir le substitut, dit Béatrice dès que j'ai raccroché.

— Il m'interdirait de rester ici. Mais je vais te conduire à la gare, tu rentreras à Paris.

— Pas question. Je ne voudrais pas rater cela pour un empire.

— Alors prépare-toi.

Nous mettons dans un sac la bouteille de whisky, deux verres en plastique et une bouteille d'eau. Aucune arme, je n'en possède pas, mais je sais que Guillaume a, au moins, un fusil. Je me rappelle qu'il m'a dit être un excellent tireur quand il lui arrive d'aller chasser avec son père et son frère. Mais, comme les souvenirs concernant Jean-Jacques, mon ex-mari, ceux qui s'attachent à Guillaume sont déjà le passé. Et le passé est devenu pour moi un pays étranger.

Reste le problème de Caresse. Si elle aboie, Guillaume est capable de la tuer. Je la confie à la gardienne pour qu'elle l'emmène chez son frère. Cette jeune Portugaise s'est, en quelques jours, attachée à ma chienne qui la suit partout. Je demande à Olivia de rester là-bas jusqu'à ce soir avec Caresse. Puis je vais prendre mon poste auprès de Béatrice, derrière la cabane à outils d'où nous avons la vue sur l'entrée du jardin.

— Je n'arrive pas à prendre cela au sérieux, dit Béatrice. Ton Guillaume ne peut pas être un assassin.

— N'importe qui, avec un excellent mobile, peut devenir un assassin. C'est la première chose que j'ai apprise. Tu en croises tous les jours ou presque. Un sur dix est arrêté. On peut donc dire que le crime parfait se joue à neuf contre un.

— Si c'est cela, je ne pourrai jamais plus faire confiance à un homme.

— Dans les statistiques, les femmes ne sont pas négligeables.

— Tais-toi, Florence, tu m'affoles.

— Béatrice, il est encore temps pour toi de partir. Es-tu capable de conduire ma voiture ?

— Cette petite caisse roulante ? Aux States, je conduisais une Cadillac. Mais même avec une Rolls, je ne partirais pas. Te laisser seule, jamais !

— J'espère que les flics de Saint-Germain ou de Versailles arriveront avant Guillaume.

— Pourquoi es-tu si sûre qu'il viendra ?

— Parce que c'est la seule solution qui lui est offerte : nous tuer pour nous empêcher de témoigner. Personne, jusqu'à présent, ne le soupçonnait si ce n'est moi. La perruque blonde, la vieille machine à écrire aux lettres cassées, la clé de voiture de Jérôme Lacarrère, tout l'accuse.

— Mais ce ne sont pas des preuves capitales.

— C'est la raison pour laquelle nous jouons les chèvres.

— Je veux bien jouer les chèvres, dit Béatrice, à condition qu'on ne me fasse pas attendre pendant des heures dans ces lieux inconfortables. Pourquoi ne pas s'assurer qu'il a quitté son bureau ?

— Tu as raison, je vais lui téléphoner. J'ai le numéro de sa ligne directe.

— Pas toi, moi. Si je tombe sur lui, je dirai que c'est une erreur.

J'appréhende de voir partir ma grand-mère mais je ne peux pas la faire attendre trop longtemps. Elle note le numéro et file comme si elle fuyait un incendie. Béatrice, je t'adore. Et maintenant, souhaitons que la P.J. de Paris ait bien transmis le message dans les Yvelines. Ces flics de la P.J., avec leur besoin d'être couverts quand on est en danger... Le temps passe avec une lourdeur qui m'accable. Je n'ose plus avoir recours au whisky, alors je fume (le tabac ne m'écœure plus) comme le font les taulards : la cigarette protégée par ma main repliée. J'ai peur. Peur, à la fois, d'avoir raison et de me tromper. Peur de Guillaume et de l'aimer encore. Peur de la colère du substitut si je rate mon coup, si Guillaume ne bouge pas ; s'il a une autre arme qu'un fusil de chasse pour se défendre, pour me ridiculiser. Les explications que j'ai formulées devant Béatrice peuvent être réfutées astucieusement une par une par un bon avocat.

Le mobile ? Il est puissant. Guillaume voulait non seulement se venger de Simon Liénard et de Françoise Moret, mais prendre la place du directeur littéraire et tenir ainsi Françoise sous sa coupe. Il l'aime comme il n'aurait jamais pu m'aimer, moi qu'il savait désirer et charmer, moi pour qui il avait une certaine tendresse, moi qui suscitais en lui un amour romantique de tout jeune homme. J'étais sa jeunesse retrouvée. Mais il aimait Moret si passionnément qu'il voulait l'anéantir. « Toute conscience poursuit la mort de l'autre », ai-je appris à mon cours de philo. On pourrait moduler : sous l'emprise de la passion, tout être poursuit la mort de l'autre.

Les flics ne sont pas encore là et je maudis la bureaucratie de la P.J. et de la magistrature. Quand je vois un film policier avec ces inspecteurs qui se lancent dans des enquêtes spectaculaires et folles, et ces juges qui leur donnent la réplique dans l'improvisation, j'ai envie de hurler. S'ils savaient, les cinéastes, à quel point nous sommes courtelinesques et petits-bourgeois !

Béatrice devrait être revenue. Où est-elle ? Ma grand-mère est capable de tout, y compris de faire du charme à un assassin. Mais il ne faudrait tout de même pas abuser... Quelque chose vient de mourir en moi qui ressemble à une sorte de désespoir raisonnable.

30

BRUNO BERNARDET

J'AI touché terre. On m'accable de toutes parts. Caroline menace de divorcer tout en sanglotant. Ne pleure pas, ma belle, je te reviendrai. Françoise Moret ne me fait plus confiance ; elle a appelé au secours maître Désaleux, qui a été parfaite :

— Le petit Bernardet est le seul à pouvoir vous sortir du pétrin. Il vous est tout dévoué et il vient de flairer la bonne piste.

Quant à Jérôme Lacarrère, il ne me parle plus et il a engagé un jeune avocat, maître Lebossé, qui ne me fera pas de cadeau, je le sais déjà.

J'ai touché terre mais je ne suis pas tout à fait hors jeu. J'ai même furieusement envie de rebondir car je viens d'entrevoir une grande partie de l'affaire Liénard-Cressonnière. Mais j'ai besoin de certitudes. Dans ce but, je téléphone à Guillaume Rochant :

— Peux-tu passer à mon bureau en fin de journée ?

— Désolé, mon vieux : mes nouvelles fonctions m'occupent au-delà du bon sens et des lois syndicales.

— Eh bien, je viendrai à toi. Accorde-moi un quart d'heure : il s'agit de sauver Françoise que tu aimais bien, je crois.

Silence.

— Guillaume, tu es là ?

— Oui. Viens à mon bureau entre trois heures et demie et quatre heures.

Il raccroche. Et naturellement, quand je me fais annoncer aux Editions Raymond Houdert, il me fait attendre plus d'une demi-heure.

— Excuse-moi, Bruno, mais la direction littéraire n'est pas une sinécure.

— Tu l'as voulue.

— Qui prétend que je l'ai voulue ? siffle-t-il entre ses dents.

— Disons que tu ne l'as pas refusée.

— Hélas ! Assieds-toi. Que puis-je faire pour toi ou plutôt pour Françoise ?

Guillaume n'a pas touché au décor du bureau : toujours la même affiche de la belle Françoise, sa photographie sublime et ses 250 000 exemplaires. Pauvre romancière.

— Je sais, dis-je, que quelqu'un d'ici, et ce n'est pas Caroline, quelqu'un a révélé au juge Larrieu que les romans de Françoise ont été réécrits d'abord par Simon puis par Jérôme Lacarrère.

— Prends-tu Florence Larrieu pour une imbécile ? Elle est parvenue elle-même et sans l'aide de quiconque à cette conclusion.

— Tu la connais donc bien...

— Elle m'a interrogé plusieurs fois et elle m'a posé la question des nègres de Françoise. Sous serment, je ne pouvais dire que la vérité.

— Sous serment, hein ?

— Je t'en prie. Je ne pouvais pas mentir à un juge d'instruction.

— Mais tu savais que tu fournissais un mobile à Françoise. Aujourd'hui elle est dans le pétrin.

— Elle s'en sortira, je te fais confiance.

— Elle n'a pas tué Simon, Guillaume. Alors qui ?

— J'ai une hypothèse.

— Je t'écoute.

— Imagine un auteur qui en voulait à Simon ; il y avait foule pour l'emploi. Après le départ du petit personnel, il s'enferme dans les toilettes et attend le moment favorable pour prendre le coupe-papier qui est dans le bureau du vieux Ray. Il tue Simon, remet le coupe-papier en place et attend dans les toilettes le cri de la femme de ménage pour se mêler à la foule qui monte du rez-de-chaussée et descend du second...

— Amusant.

— Plus sérieux que tu ne crois. Excuse-moi, vieux, je dois donner un bref coup de fil à une amie.

Tandis qu'il forme le numéro, je me lève et me prépare à sortir du bureau, mais il me fait signe de rester. Que cherche-t-il à me prouver ?

Guillaume parle dans l'appareil, sa voix est basse et chuchotante, je ne comprends rien à ce qu'il dit, mais je sais qu'il parle à une certaine Florence qui ne peut être que Larrieu. Soudain je le vois pâlir, il murmure encore quelques mots avant de raccrocher. Je me suis levé, il vient vers moi mais c'est comme s'il ne me voyait pas et je recule :

— Un ennui, Guillaume ?

— Oui. Je dois partir. Excuse-moi, vieux, c'est une urgence.

Il a déjà descendu l'escalier quand j'entre dans le bureau de Caroline, qui s'étonne :

— Toi, ici ?

— J'avais besoin de voir Guillaume. Mais il vient de partir.

— Sans me prévenir ! Où ?

— Je l'ignore, ma belle.

Elle a maigri et de grands creux d'ombre soulignent ses yeux blonds. Pourquoi croirait-elle que je ne l'aime plus ?

— Guillaume est bizarre depuis quelque temps, dit Caroline. Je crois qu'il est amoureux.

— De Françoise ?

— Ne sois pas obsédé par elle ; lui, en tout cas, regarde ailleurs.

— Moi aussi, dis-je. Celle qu'on a sous les yeux est la plus chère. Tu ne le savais pas ?

— Rien ne me le prouve.

— Laisse-moi sauver Françoise et je te le prouverai.

— Comment ? Je veux dire : comment peux-tu encore sauver Françoise ?

— En coinçant Guillaume. Savais-tu qu'il avait eu une jeunesse on ne peut plus trouble ?

— Lui ?

— Il a eu la chance de tomber sur un juge épatant. Pendant longtemps il s'est tenu tranquille. Mais la passion...

— Il aurait tué Simon ?

— Et Pierre Cressonnière. Mais il faut le prouver.

— L'arme du crime ?

— Le grand coupe-papier de ton père. Rappelle-toi : Guillaume prétend n'être resté que cinq minutes absent pour aller chercher un manuscrit dans son bureau. N'est-ce pas nettement plus ?

— C'est possible. On m'a téléphoné pendant son absence, et je n'ai peut-être pas vu le temps passer.

— Si je savais où est allé Guillaume...

— Essaie le juge Florence Larrieu. Au Palais, on te donnera son numéro de téléphone.

Je l'obtiens, j'appelle et je tombe sur un répondeur qui me fournit un autre numéro, en banlieue.

— C'est celui de la résidence secondaire de Guillaume, constate Caroline. Le petit juge serait là...

— Et en danger, dis-je en notant l'adresse que me fournit ma femme. Je file...

— Non, Bruno, n'y va pas. Tu n'es pas armé... et... j'ai peur pour toi.

— Puisque nous divorçons...

— Faisons-nous accompagner...

— *Nous* ?

— Bien sûr. Je ne te quitte pas.

J'appelle alors un vieux détective privé, commissaire à la retraite, qui me rend parfois des services. Son jeune collaborateur nous attendra à l'agence, qui est sur le chemin de l'autoroute de l'Ouest. Je pense au mot « bonheur », peut-être a-t-il une réalité.

31

FLORENCE LARRIEU

— FLORENCE !

C'est la voix de Guillaume, à peine altérée. Je suis pétrifiée. Où est Béatrice ? Je ne vois ni Guillaume ni ma grand-mère.

— Florence, sortez !

Il croit sans doute que je suis à l'intérieur de la cabane à outils et armée ; l'idée ne peut venir que de Béatrice.

— Florence, votre grand-mère est ici, contre moi. Sortez !

— N'en fais rien ! crie la voix de Béatrice, ferme et forte.

Et je les vois. Ils sont maintenant près du cerisier, Guillaume adossé à l'arbre, entourant du bras gauche la taille de Béatrice, et tenant un fusil dans la main droite. Tout cela sous un ciel d'un bleu insolent et avec le chant joyeux des merles moqueurs et dévoreurs de cerises. Sans le caractère dramatique de la situation, ce serait un charmant tableau champêtre.

— Surtout, ne bouge pas ! crie Béatrice.

— Florence, je n'ai plus rien à perdre, crie Guillaume.

— Si, la vie, Guillaume.

— Mais votre grand-mère la perdra avant moi. Sortez d'ici et je vous épargne toutes les deux.

Chacun de ses mots m'entre dans la tête comme un foret brûlant. Je ne réponds pas. Je n'ai jamais autant haï les flics. Que font-ils, ces imbéciles ? Guillaume n'est pas venu ici avec une arme pour nous épargner. Il est là pour nous tuer. Me prend-il pour une imbécile ?

— Florence, sortez et jetez votre arme. Je vais compter jusqu'à dix...

Béatrice lui a donc dit que j'étais armée et il me croit toujours dans la cabane à outils. Si j'avance vers lui, il tirera. Mon Dieu, j'ai gémi dans les bras de cet homme, je l'ai aimé, je l'ai même admiré, et il va me tuer. Y a-t-il, non seulement en France mais dans le monde entier, un juge d'instruction plus stupide que moi ?

Guillaume commence à compter, il a écarté de lui Béatrice et il tient, d'une main, son fusil pointé sur le dos de ma grand-mère ; de l'autre, une arme à canon court pointée vers la cabane à outils. Mille pensées se bousculent dans mon esprit, aussi absurdes les unes que les autres, dont celle-ci : quelle tête pouvait avoir Guillaume avec une perruque blonde ? Et il en est à quatre... J'ai la conviction qu'il tirera sur Béatrice à dix, et jamais jamais je ne pourrai me pardonner d'avoir laissé tuer ma grand-mère... sauf s'il me tue aussi. Je cherche absurdement une arme, mais ce n'est ni un marteau ni une faucille ni même une fourche qui pourront nous sauver. Il continue à compter et je meurs entre chaque chiffre.

Guillaume en est à sept et moi trempée de sueur de la tête aux pieds. Je fais un pas hors de mon abri en même temps que Guillaume compte huit... puis un autre quand il crie neuf...

Je sors de mon abri et Béatrice ne bronche plus. Soudain, j'entends, en même temps que le dix de Guillaume, une formidable détonation et je m'effondre, les mains sur les yeux avec une succession d'images mentales plus horribles les unes que les autres. Le temps fou quelques instants plus tôt devient immobile, lourd, implacable. J'ai tué ma grand-mère et une voix d'homme, toute proche, me dit :

— Madame le Juge, êtes-vous souffrante ?

Mes paupières baissées emprisonnent les images, mais quand j'ouvre les yeux je me mets à crier :

— Ma grand-mère !

— Elle vient vers nous, elle est là, madame le Juge. Regardez...

Effectivement, je vois Béatrice s'avancer vers nous ainsi que maître Bernardet et sa femme Caroline, tandis que le policier qui est sur le toit de la maison rentre dans le grenier par la lucarne ouverte. C'est lui, m'explique le jeune flic proche de moi, qui a tiré sur Guillaume Rochant au moment même où ce dernier se préparait à tuer ma grand-mère. Mais j'ai à peine le temps d'entrevoir le corps de Guillaume que l'on emmène sur une civière : Béatrice s'est jetée dans mes bras.

— Tu me tueras, dis-je, émue jusqu'aux larmes.

— Ne le pleure pas, proteste-t-elle. Il est mort et c'est préférable. Pour lui. Pour toi.

ÉPILOGUE

Le dîner, en ce premier soir de l'été, est joyeusement familial. « Ta mère a imité les petits-bourgeois, me dit Béatrice, elle a mis les petits plats dans les grands. » En fait, c'est mon père qui a exigé champagne et caviar. Mon père qui ne cesse de dire qu'il est fier de moi, ce qui me gêne. Ce soir, je tiens à rétablir une vérité dont je n'ai pas à me glorifier :

— J'ai bafoué la déontologie en ayant une relation intime avec un témoin de l'enquête.

— Mais tu t'es servie de lui, objecte mon père.

— Par hasard. Auparavant, j'ai maintenu en prison Françoise Moret qui est innocente. Là, j'ai été influencée par Rochant qui était mon amant. Je dois des excuses à Moret, mais elle ne les acceptera pas. Son seul désir c'est d'oublier ce cauchemar.

— Il faut reconnaître qu'elle ne t'a pas beaucoup aidée à établir son innocence, constate mon père.

— Elle était en état de choc et ensuite bouleversée par les révélations de Guillaume sur ses « nègres ». Elle jouait sa carrière, ne l'oublions pas.

Béatrice semble lointaine, mais je m'aperçois non sans plaisir que son assiette, pleine il y a quelques instants, est déjà vide.

— Je m'étonne tout de même, intervient ma mère, de ta perspicacité. Comment as-tu pu, à partir d'une perruque blonde et d'une vieille machine à écrire, établir la culpabilité de Guillaume Rochant ?

— Je ne veux pas jouer les Sherlock Holmes, dis-je, mais en dépit des protestations de Béatrice, qui défendait Rochant aveuglément, je le soupçonnais de n'être pas net. J'étais mûre pour interpréter tout signe anormal venant de sa part. Que la porte du grenier soit fermée à clé et interdite aux gardiens m'a paru suspect. Quand j'ai découvert la machine à écrire, j'ai aussitôt pensé aux lettres anonymes. La perruque blonde insolite m'a rappelé les cheveux de Jérôme Lacarrère. Quant à la clé de l'Opel, c'était sans doute celle du journaliste car Guillaume ne possède qu'une B.M.W. Mon mérite est mince... et amer.

— Tu n'as pas de chance avec les hommes, soupire ma mère. Ce Rochant s'est servi de toi.

— Il a voulu m'orienter vers une interprétation très habile de la culpabilité de Françoise Moret et de celle de Jérôme Lacarrère. Mais une part de moi, une part lucide, résistait à son raisonnement.

— Tu oublies de dire, intervient Béatrice, qu'une part de toi ne résistait pas à l'amour de Guillaume. Car en dépit de tout, cet homme-là t'aimait. Je pense aujourd'hui que son « accident » était prémédité. Il a pris un risque considérable en jouant à une sorte de roulette russe : s'il était tué par le chauffard, il mourrait en héros. S'il s'en sortait, il te ferait croire qu'on avait voulu l'assassiner. Cet homme était désespéré depuis qu'il t'aimait. Il n'aurait pas commis ces deux meurtres s'il t'avait connue plus tôt.

— Mais, Béatrice, il n'aurait pas hésité à nous tuer !

— Il était acculé, fou. Puis, ma petite fille, dans la vie on ne fait pas toujours ce que l'on veut, conclut ironiquement ma grand-mère.

DU MÊME AUTEUR

Aux Éditions Albin Michel

Le tueur est parmi nous
Quand Bertrand était là
Le Serment d'Hippocrate
Le Domaine du Prince
L'Inculpé

Aux Éditions Denoël

L'Interne de service
Grand Prix de littérature policière
Un meurtre ça fait grandir
On tue pour moins que cela
Le Cas de Renaud Ball-Henstin

Aux Éditions Laffont

Un père singulier

Aux Éditions Grasset

Ève
Les Grandes Personnes
Un cri

Aux Presses de la Renaissance

Irène Joliot-Curie
Prix des Maisons de la Presse
Madeleine Renaud

« *SPÉCIAL SUSPENSE* »

RICHARD BACHMAN
La Peau sur les os
Chantier
Rage

CLIVE BARKER
Le Jeu de la Damnation

GILES BLUNT
Le Témoin privilégié

GERALD A. BROWNE
19 Purchase Street
Stone 588
Adieu Sibérie

ROBERT BUCHARD
Parole d'homme

JOHN CAMP
Trajectoire de fou

JEAN-FRANÇOIS COATMEUR
Yesterday
Narcose
La Danse des masques

CAROLINE B. COONEY
Une femme traquée

HUBERT CORBIN
Week-end sauvage

PHILIPPE COUSIN
Le Pacte Prétorius

JAMES CRUMLEY
La Danse de l'ours

JACK CURTIS
Le Parlement des corbeaux

ROBERT DALEY
La nuit tombe sur Manhattan
L'Année du Dragon (hors série)

GARY DEVON
Désirs inavouables

WILLIAM DICKINSON
Des diamants pour Mrs Clarke
Mrs Clarke et les enfants du diable
De l'autre côté de la nuit

MARJORIE DORNER
Plan fixe

FRÉDÉRIC H. FAJARDIE
Le Loup d'écume

CHRISTIAN GERNIGON
La Queue du Scorpion
(Grand Prix de littérature policière 1985)
Le Sommeil de l'ours

JAMES W. HALL
En plein jour
Bleu Floride

JEAN-CLAUDE HÉBERLÉ
La Deuxième Vie de Ray Sullivan

CARL HIAASEN
Cousu main

JACK HIGGINS
Confessionnal
L'Irlandais (hors série)

MARY HIGGINS CLARK
La Nuit du renard
(Grand Prix de littérature policière 1980)
La Clinique du Docteur H
Un cri dans la nuit
La Maison du Guet
Le Démon du passé
Ne pleure pas, ma belle
Dors ma jolie
Le Fantôme de Lady Margaret
Recherche jeune femme,
aimant danser
Nous n'irons plus au bois
Un jour tu verras...

TOM KAKONIS
Chicane au Michigan
Double mise

STEPHEN KING
Cujo
Charlie
hors série :
Simetierre
Différentes saisons
Brume
Running man
Ça
Misery
Les Tommyknockers
La Part des ténèbres
Minuit 2
Minuit 4
Bazaar
Jessie

DEAN R. KOONTZ
Chasse à mort
Les Étrangers

FROMENTAL / LANDON
Le Système de l'homme-mort

PATRICIA J. MACDONALD
Un étranger dans la maison
Petite sœur
Sans retour

LAURENCE ORIOL (NOËLLE LORIOT)
Le tueur est parmi nous
Le Domaine du Prince
L'Inculpé

ALAIN PARIS
Impact
Opération Gomorrhe

RICHARD NORTH PATTERSON
Projection privée

STEPHEN PETERS
Central Park

NICHOLAS PROFFITT
L'Exécuteur du Mékong

FRANCIS RYCK
Le Nuage et la Foudre
Le Piège

JOYCE ANNE SCHNEIDER
Baignade interdite

BROOKS STANWOOD
Jogging

WHITLEY STRIEBER
Billy
Feu d'enfer

« *SPÉCIAL POLICIER* »

WILLIAM BAYER
Voir Jérusalem et mourir

JOSÉ PABLO FEINMANN
Les Derniers Jours de la victime

NINO FILASTÒ
Le Repaire de l'aubergiste

CAROLINE GRAHAM
Meurtres à Badger's Drift
Mort d'un pantin

PHILIPPE HUET
Quai de l'oubli

HUGUES PAGAN

Last Affair (hors série)

L'Étage des morts

PATRICK RAYNAL

Fenêtre sur femmes

Arrêt d'urgence

LAWRENCE SANDERS

Le Privé de Wall Street

Les Jeux de Timothy

Manhattan Trafic

ANDREW VACHSS

La Sorcière de Brooklyn

Blue Belle

« *SPÉCIAL FANTASTIQUE* »

CLIVE BARKER

Livre de Sang

Une course d'enfer

JAMES HERBERT

Pierre de Lune

ANNE RICE

Lestat le Vampire

La composition de cet ouvrage
a été réalisée par l'Imprimerie BUSSIÈRE,
l'impression et le brochage ont été effectués
sur presse CAMERON *dans les ateliers de B.C.A.,*
à Saint-Amand-Montrond (Cher),
pour le compte des Éditions Albin Michel.

Achevé d'imprimer en novembre 1993.
N° d'édition : 13470. N° d'impression : 93/734.
Dépôt légal : décembre 1993.